U0067268

台灣心理學會　教育心理學組◆合著
我可以學得更好
學習輔導與診斷手冊
（低年級版）

作者簡介（依單元排序）

柯華葳（單元一）

學歷：美國華盛頓大學教育心理學哲學博士

現職：中央大學學習與教學研究所教授

柯志恩（單元二）

學歷：美國南加州大學教育心理哲學博士

現職：淡江大學教育心理與諮商研究所教授

方金雅（單元三）

學歷：高雄師範大學教育研究所博士

現職：高雄師範大學師資培育中心副教授

簡馨瑩（單元四）

學歷：台灣師範大學教育心理與輔導研究所博士

現職：台東大學幼兒教育學系副教授

張景媛（單元五、單元八）

學歷：台灣師範大學教育心理與輔導研究所博士

現職：慈濟大學教育研究所教授

吳昭容（單元六、單元七）

學歷：台灣大學心理學博士

現職：台灣師範大學教育心理與輔導學系教授

吳信輝（單元七）

學歷：美國威斯康辛大學教育心理學博士候選人

現職：亞洲大學心理學系講師

陳萩卿（單元八）

學歷：台灣師範大學教育心理與輔導研究所博士

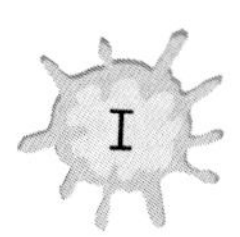

李麗君（單元九）

學歷：美國南加州大學教育心理哲學博士

現職：淡江大學教育心理與諮商研究所副教授

劉佩雲（單元十）

學歷：政治大學教育博士

現職：東華大學課程設計與潛能開發學系教授

吳序

《我可以學得更好》這本書，看似平凡，其實不簡單，第一、它集合了十位教育心理學者的智慧與經驗，其中有七位博士，三位準博士，她（他）們都有豐富的教學與輔導經驗；第二、雖然作者有十位之多，卻默契十足，體例相當一致，像八仙過海一樣，一方面各顯神通（各就其專長發揮），一方面也能同舟共濟（互相配合和呼應）；第三、這本書強調語文和數學學習歷程的分析，這原是很抽象的，但本書的十個單元，卻都能以很具體的方式呈現，有實例、有策略、有練習，而且圖文並茂；第四、以個案的方式敘寫學習問題，而不是片段的資訊提供，可掌握問題的脈絡，足為範式；第五、文字通俗、生動，讀來親切，易於了解。

這樣實用的好書，當然我樂意推薦和作序了。父母或老師常問：「為什麼我的孩子（學生）學不好？」或「怎樣使我的孩子（學生）學得更好？」要找到答案，相信從這本書裡可以得到很好的啟發。

吳武典

2004 年 8 月 15 日於

國立台灣師範大學特殊教育學系

前 言

為什麼有這本書

台灣心理學會教育心理學組裡有一些老師一直都直接或間接在輔導中學和小學學生。如國立台北師範學院吳昭容老師說：「我就陪我的大四導生班進駐小學展開為期三週的駐校實習。我和另一位搭檔的老師輪流陪他們住在學校，而白天也盡量留在學校看他們上場教學，傍晚到晚上的時間還有教學影帶的檢討，和行政事務的討論與報告。」（4-22-2004 昭容給大家的信）對我們來說，和中、小學的老師、學生一起是一個結合理論和實務的好機會，我們從中學到輔導與教學的實際。大家的一些經驗累積下來，就形成了這一本書。

誰是這一本書的對象

定義本書的對象就像有人問我教育心理學系／所畢業學生所輔導的對象與特殊教育系／所畢業學生所服務的對象有什麼不同？

如果照常態分布，有 68%的一般兒童，只要環境正常可以自行學習，他們不需要老師和父母費太多的心思與時間。其餘 32%中可以分兩端，各有 16%。若最右端 5 至 6%的兒童合乎特殊兒童教育診斷與篩選的基準，是特殊教育工作者的對象，則還有 10%左右的兒童應該是教育心理學系學生要去關心的，兩端各約 10%，就有 20%以上的學生需要幫助。這些兒童不是身心障礙者，也不是學習障礙者，但是他們的學習行為和學習表現常是父母的困擾。加上近年來社會變遷快速，許多問題都造成學生學習適應困難，這些兒童也是

目前學校體制裡的「弱勢」，因為他們不能接受特殊教育的照顧，也無法在一般教學中獲益。他們可能天天背著書包去上學卻不知道自己在學些什麼。

這些學生就是我們服務的對象。他們的父母與老師則是本書定義的讀者。我們先以小學低年級學生為主要對象，以後會陸續為中、高年級學生的學習提出適合的輔導策略。

 立論的依據：學習歷程

學習像什麼？是像錄音機把聲音錄下來，需要的時候按播放鈕？是像廚師把各樣菜整理整理，加各種配料，搭配不同火侯，作成不同的菜餚？還是像土木、水泥師父依建築師的圖，找各種建材，搭出一棟建築物？

基本上，學習不像錄音機，若是錄音機，為什麼有學生會「背」不起來或是「背錯」？學習也不像廚師燒菜或是土木、水泥師父做建築。雖然老師、父母有「藍圖」或「食譜」，他們也費心準備食材或建材，但學生製造出來的東西往往與藍圖或食譜的計畫不一樣。不一樣的地方是這三種比喻都把學習看成是很被動的一件事。學習是主動的，不論教材是預備好的或是學生自己去找，學習主要是學生的大腦在作工。

當學生面對要學習或是要處理的材料，不論材料是以文字形式呈現，如課本／習作本上的題目，或是以口語呈現，如老師唸出一道題目，學生馬上要了解這些訊息的意思，也就是在其工作記憶立即處理這一段訊息（見下頁圖）。若學生不覺得這一些訊息有意義，這一段訊息就會被忽略或是造成學生的困擾。而工作記憶的處理與學生長期記憶系統中的知識與處理知識的程序，包括推理。知識有學科知識和一般知識。學科知識如數學，又可以分一般數學知識和數學處理的程序知識。

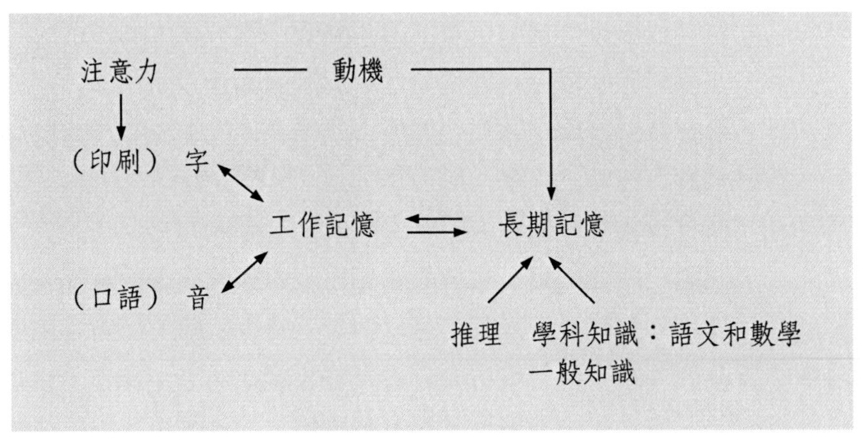

學習歷程成分摘要圖

本書各單元主要是針對語文學習和數學學習的歷程加以詳述，並探討學生行為的相關問題。我們將學習歷程如此分析是為釐清學生學習上究竟哪裡出現問題，老師和父母才得以對症下藥。

在學習歷程之外還有注意力和動機，這兩者是關係學習很重要的因素（見上圖）。沒有注意力，整個學習歷程無法展開，而沒有動機則像沒有潤滑油的機器，運轉得喀喀作響，隨時有停機的可能。但是這兩項影響學習的因素也有可能是受學習歷程與學習成果的影響。也就是說，可能是學習過程中出了問題因而沒有動機繼續學或是不再為某一項學習提高注意力。因此在輔導過程中，我們建議先釐清學習歷程的問題，若學習上沒有太大的問題，再考慮是否為動機與注意力的問題。

輔導與補救教學原則

分析學習問題時本書有下列的重點：

一、以個案方式敘寫，盡可能清楚說明問題的來龍去脈。

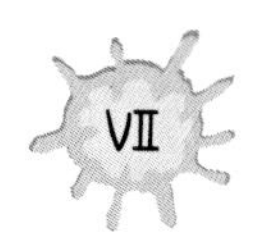

二、以學科為主，目前本書以讀和算的問題為主。

三、將學科的學習歷程依成分分析依次說明。

四、針對各成分提出教學、輔導上的建議。

設計補救方法時，本書的原則是：

一、所設計的教學或練習對學生來說是有意義的。

二、注意一成分與另一成分的關係以及對整體學習的關係。以認字的教學為例。認字可以拆成「聲旁」與「部首」兩成分的學習，但是這些成分必須被放置在句子中練習（原則一，有意義的學習），而不是單獨字甚至是單獨部首或聲旁的練習（原則二）。

參與的成員

這本書的形成，主要推手當屬昭容和志恩兩個人一開始的責任感與熱情，而景媛（警員）常常第一個交稿，為大家設立規格與準備飲食，是工作有進展的「好」壓力。警員現升格「警官」，已在催促大家下一本書要開始了。完稿時，麗君二話不說，整合格式、校對、整理目錄和索引，使大家有機會再回顧一下自己的成品，也讓整本書更加完整。其他成員金雅、信輝、佩雲、馨瑩和萩卿分布北、中、南各地，一說開會，坐飛機、開快車的都到了。六月二十九日在淡江大學以投影片的方式大家一起修改的經驗，是我們合作最佳的注解。一些接續的計畫在醞釀中，只因大家都覺得合作愉快，要繼續下去。

柯華葳

2004 年 8 月

目　次

第二篇 數學就在生活中

第三篇　學習行為適應與親子共讀

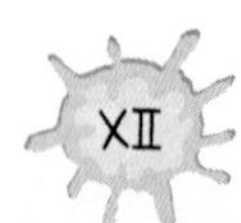

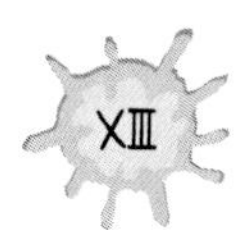

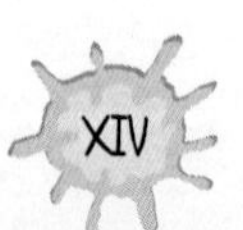

練習（範例）目次

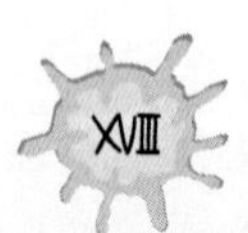

第一篇

語文學習

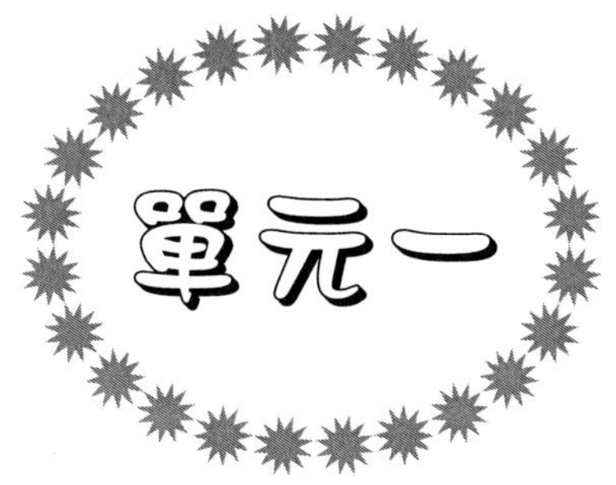

閱讀要學習

柯華葳

 語和文

語文是語和文兩件事。兩者的分別在是否使用「文字符號」，「語」可以不涉及文字。由活動來說，語文活動可以分為聽、說、讀、寫。聽、說不一定涉及文字，但讀、寫一定牽涉文字與符號。聽、說輔導在本書單元二說明，讀、寫輔導則在單元三和單元四分別說明。依發展看習得的順序似乎是聽、說、讀、寫，但是在學習上，聽、說、讀、寫是相互影響的。

 閱讀要學習

「那個快樂的日子終於來臨了；有一天，我自己拿起那本《驢子自傳》。我翻了翻，發現到我像別人一樣可以看懂。接著，大家都非常高興向我道賀，我母親也說了不少道賀的話。經過一番辛苦之後，我終於懂法文了。我可以看書了（《克莉絲蒂自傳》，第 101 頁）。」（陳紹鵬譯，2004）

法語是克莉絲蒂的第二語，但是不論第一或第二語，就像阿嘉莎克莉絲蒂（推理小說作者，著名著作如《尼羅河謀殺案》、《東方快車謀殺案》等）一樣，很多兒童經歷過這種發現自己在一段時間努力後可以閱讀的喜樂。

 閱讀：認字與理解

學習閱讀，學生必須先習得閱讀的能力（learn to read，詳見單元三），包括認字、語句整合等。會認字後，兒童透過閱讀理解所讀，習得更多的一般知識以及學科知識。這歷程被稱為閱讀以學習（read to learn，詳見單元四）。

閱讀的工作記憶與長期記憶

如前言所述，學習有基本運作歷程，如注意、工作記憶、長期記憶等。學習閱讀的初期，兒童喜歡閱讀較熟悉領域的讀物，且不厭煩的反覆讀相同的讀本。基本上他對內容是理解的，也因此，理解不占據他的工作記憶。兒童此時閱讀的主要任務就是認字。漸漸的，認字自動化，兒童可以閱讀與自己經驗較遠的文章，進而吸收新知識。閱讀理解可以表現在找出文章大意或是說出主要思想，並進一步做推論。此時，閱讀歷程中工作記憶要負責的是在最快時間內抽取字義、整合語句。因此惟有認字不費力氣，或稱「自動化」，讀者才有餘力處理理解。至於長期記憶中儲存的字彙知識、一般知識等都會影響理解。知識愈豐富，愈有利於理解。有趣的是，這些知識也是靠閱讀理解後慢慢累積下來的。因此閱讀就像滾雪球，愈讀知識愈豐富，知識愈豐富，愈可以透過閱讀吸收更多知識。

閱讀成分請見圖 1-1。

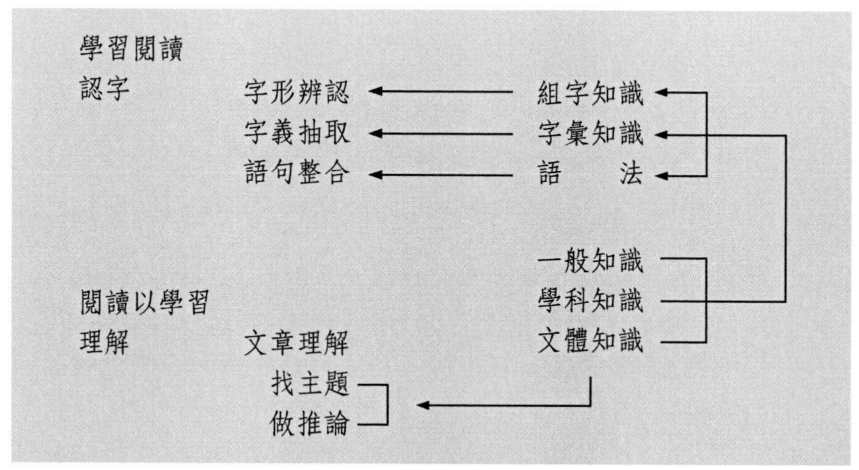

圖 1-1　閱讀歷程成分圖

看過上圖，讀者或許會問，注音符號呢？注音符號在閱讀中扮演怎樣的角色？下面是對注音符號學習的說明。

注音符號的學習

個案一：威威

威威是小學一年級學生，經過十週注音符號的學習後，他對注音符號與拼音有基本的認識，但是他每次聽寫的成績並不好。他拼音時會犯的錯誤如「風琴」寫成「ㄈㄨㄥ ㄑㄧㄥˊ」。

綜合問題診斷

- 威威的發音不清楚，他會說天氣好ㄌㄜˋ（他要說的是好ㄖㄜˋ），唸不準就可能寫不準。
- 威威對ㄧ、ㄨ、ㄩ和ㄢ、ㄣ、ㄤ、ㄥ的掌握有困難。

 學習注音符號的目的

學習注音符號的目的在幫助認字。這背後假設學生腦中已有許多許多的詞彙，如果能知道字的「音」或能唸出「字音」，字音和腦中詞彙相連結，學生就知道這幾個字的意思。注音符號分為聲符（聲母）和韻符（韻母），共只有37個符號，學生很快就可以學起來，進而透過「拼音」慢慢學識字。

 學習注音符號以正音？

有人以為透過注音符號的學習可以「正音」，或說可以使學生唸準字音。不錯，這也是學習注音的目的之一，但這是次要的目的。

每一個人發音的方法和所掌握的語調會受他所生長環境的影響，因此會有所謂的各地「口音」。例如外國人說國語會有外國腔調。本地有人唸「黃飛鴻」聽起來像是「黃灰紅」，說「吃魚」聽起來像「雌姨」，但是他寫出的注音拼音可能是正確的。換句話說，寫出正確的拼音和唸出字音可以是兩件事。要透過注音符號正音，需要花時間調整發音部位，而學習者更是需要很警覺自己的發音狀況和有意識的調整自己的發音部位，正音才能成功。

不過，不可諱言，有時學生（我自己也會）因發音不準而拼錯字音（請見【個案：威威】）。因此，教注音符號時，老師一併說明發音部位，同時有好的發音示範，學生在其中學到「聽音辨別不同的符號」以及學習如何發音。

對於剛學注音符號的學生來說，首要工作是辨識37個注音符號，並能以聲符和韻符拼出字音。請不要以「正音」或「矯正」為學習注音的主要工作，讓孩子失去學習的興趣。

 發音不準電腦中文輸入沒困難

如果讀者以注音符號作中文輸入，並採用自然拼音法會發現，當你拼「ㄐㄩˋ」但是找不到字時，按滑鼠右鍵，電腦會同時呈現「ㄐㄩˋ」和「ㄐㄧˋ」兩個字音。顯然拼音輸入設計者知道許多人有發音上的混淆。靠著科技，我們慢慢可以補足一些學習上的缺失。但是，一些基本的工作如認字是不可少的。認字在單元三會有更清楚的說明。

問題分析 1-1：對ㄧ、ㄨ、ㄩ和ㄢ、ㄣ、ㄤ、ㄥ的掌握有困難，發音不準影響聽寫

策略 1-1-1　示範發音部位幫助分辨字音

若威威是因為發音不準，影響聽寫，請示範不同字音的齒唇發音部位，幫助他分辨不同符號的唸法。先示範發「ㄈ」的音，而後加上「ㄨ」的音，並示範「ㄈㄥ」的發音部位。如前所述，發音部位的改變不容易，因此老師正確示範的目的在幫助威威聽力上辨別不同符號代表的音。

策略 1-1-2　輔以國字幫助分辨

若威威是因為對音的掌握有問題，請注意他聽寫時是否出現固定的錯誤。若不是，表示威威正在學習慢慢分辨這些音，但偶爾會犯錯。若是有固定錯誤，請依上面的方法並輔以國字幫助他分辨ㄧ、ㄨ、ㄩ，ㄢ、ㄣ、ㄤ、ㄥ所表示的字以及聲符加這些韻符的字如鴛（ㄩㄢ）鴦（ㄧㄤ）、運（ㄩㄣˋ）用（ㄩㄥˋ）。

策略 1-1-3　增加拼音能力

不過，在威威正確發音前，請先確認他的拼音能力（請見練習 1-1-3）。

練習 1-1-3.1　拼音

拼音是把聲符和韻符相組合，唸出字音來。注音拼音是很人為的，例如「ㄒ」唸「西」，但是「西」拼音時要注「ㄒㄧ」。初學者要花些時間去記一些人為的拼音。還好，絕大多數小朋友很快就能記住且學到拼音的方法。

請嘗試以任何聲符加上任何韻符，試試孩子拼音的能力。

例：

ㄅㄨ、ㄎㄨ、ㄊㄨ、ㄌㄨ、ㄇㄨ、ㄋㄨ

ㄎㄨㄥ、ㄅㄨㄥ、ㄊㄨㄥ、ㄌㄨㄥ、ㄇㄨㄥ、ㄋㄨㄥ

有些字音雖然沒有聽過，如「ㄅㄨㄥ」。但若是能拼出，就表示有任何新字出現，只要有注音符號，學生就可以唸出字音。

拼音的能力包括辨識一個字音中所組成的音，如「ㄎㄨㄥ」由「ㄎ」「ㄨ」「ㄥ」三個音組成（分析），然後將這三個音合在一起唸出來（綜合）。分析和綜合都要求學生能靈活的轉換這些以注音符號表示的音。很多小朋友有時會口裡唸唸有詞，例如有一位阿媽和四歲妹妹在公車上，妹妹口中一直哼著歌，不久歌中帶詞，唱起來抑揚頓挫：「謝謝你、謝謝你、謝謝你、……，喔喔喔ㄋㄧ、喔喔喔喔喔、喔喔喔ㄋㄧ，……。」阿媽問：「你在唱什麼啊？」妹妹沒有回答，繼續：「喔喔喔ㄋㄧ、喔喔喔喔喔、喔喔喔ㄋㄧ。」這看似無聊的動作，表現出妹妹對「音韻」的敏銳。我們說妹妹是在「操弄」語音。

為幫助學生更敏銳的辨識音和操弄音，可以進行下列音刪除和音替換的作業。

練習 1-1-3.2　音的操弄：刪除音

例：聽到ㄇㄠ，只唸ㄠ（刪除聲符ㄇ），是一種音的操弄。

成人可以這麼做：

我說：「ㄇㄠ」，你說「ㄠ、ㄠ、ㄠ」，

我說「ㄊㄨㄟ」，你說「ㄨㄟ、ㄨㄟ、ㄨㄟ」。

幾次練習以後，成人只要說，「ㄕㄥ」，接著讓孩子自己說要唸出的音「ㄥ」。若學生一時沒有意會過來，就多再加幾次練習，直到他知道作業的要求是刪除音。

練習 1-1-3.3　音的操弄：替換音

以一音換另一音。

如：ㄊㄚ，ㄕ、ㄕ、ㄕ，ㄕㄚ（以ㄕ替換ㄊ）。幾次以後，讓學生自己拼出ㄕㄚ。

另一個方式如下：

一人說：ㄊㄚ，ㄕ、ㄕ、ㄕ。

另一人：ㄊㄚ，ㄕ、ㄕ、ㄕ，ㄕㄚ（以ㄕ替換ㄊ）。

一人：ㄓㄨㄟ，ㄉ、ㄉ、ㄉ。

另一人：ㄓㄨㄟ，ㄉ、ㄉ、ㄉ，ㄉㄨㄟ（以ㄉ替換ㄓ）。

兩人輪流讓對方換音。

這是替換聲符，當然，也可以替換韻符。

個案二：晴晴

晴晴與威威同班。晴晴的問題是在分辨二聲和三聲，例如聽到「ㄌㄧˇ　ㄒㄧㄤˇ」她會寫成「ㄌㄧˊ　ㄒㄧㄤˇ」，聽到「ㄏㄨㄥˊ　ㄔㄚˊ」寫成「ㄏㄨㄥˇ　ㄔㄚˇ」。她不容易分辨二聲和三聲的符號。

綜合問題診斷

剛學注音符號的學生對於四聲的分辨是比對注音符號本身或是拼音的學習更有困難，其中又以二聲和三聲的分辨為最難。許多老師為了幫助學生了解四聲的符號標誌，教學時會使用身體或是手勢甚至是頭部的動作幫助學生掌握四聲。

晴晴對於四聲符號使用有誤，可能牽涉到幾個問題：

- 口語唸的音和手寫注的音不同。例如總（ㄗㄨㄥˇ）統（ㄊㄨㄥˇ）府（ㄈㄨˇ）三個字音放在一起唸時是「ㄗㄨㄥˊ」「ㄊㄨㄥˊ」「ㄈㄨˇ」。因此學生可能注的音是口音不是字音。
- 口語中二聲和三聲不容易區辨。
- 晴晴真的不分二聲和三聲。

問題分析 1-2：注的音是口語音非字音

策略 1-2-1　提醒注字的原音

請老師提醒注音要注字的原音。但這對於認字有限的低年級兒童是有困難的。因此老師、父母要確定，孩子聽到音可以以正確的注音符號拼出音。至於字音與口語音的分辨請見下面的策略。

問題分析 1-3：口語中二聲和三聲不容易區辨

策略 1-3-1　強調二聲或三聲

聽寫時，請老師唸字時把字音拖長，強調出是二聲或是三聲。

問題分析 1-4：二聲和三聲不分

策略 1-4-1　增加字彙以了解差別

觀察晴晴，若聽寫時其他注音符號都使用正確，只有二、三聲混淆，請等他一等，到年級高一些，閱讀更多，字彙更多，他會漸漸了解哪些字注二聲，哪些字注三聲。至於增加字彙的方法請見單元十。

 同音字的辨別

根據統計，國音有411個音，再分別四聲有1,428音（方師鐸，1969）。而中國字成千上萬，因此就有同音字。什麼音的字最多？大家不妨用電腦打字看看同音的字有多少。例如：

醫生、一生、一聲

因素、音速、音素

就是、舊事、舊式、舊識

世事、事事、試試

近世、進士、盡是、近視

因此，除了學習37個注音符號外，所有的拼音旁邊最好加上國字，讓學生慢慢體會到同音字有不同的國字型體，為他識字學習鋪路。

 有學生不會拼音

是的，有一些學生可以記得教過的拼音，但是碰到新的拼音不會自己拼出來。基於注音和拼音只是一個學習認字的工具，認字才是至終目標，若學生到了二年級下學期，新字拼音速度仍是很慢或是拼不出來，請直接讓他認字閱讀。關於認字方法，請見單元三。而關於注音符號教學已出版的書有很多，可自行參考。

參考書目

方師鐸（1969）。**五十年來中國國語運動史**。台北：國語日報。

陳紹鵬譯（2004）。Agatha Christie 著。**克莉絲蒂自傳**。台北：遠流。

聽說能力

柯志恩

個案一：文問

文問是一個目前就讀國小二年級的女生，家境普通，目前家住板橋，越區至外婆所居的台北市中正區就讀，家中經濟多依賴母親的保險業務工作，每日放學後均獨自前往安親班補習。文問在學校相當安靜、不太引起老師的注意，與同學的相處相當平和。在上國語課時，被老師點名回答問題，剛開始她均沉默以對，當老師不耐的要求回答時，她怯怯的要求老師將題目再唸一次。聽完題目，停頓一會兒，她便用最簡短的話語做正確的回應。往後，老師發現，只要問的題目稍長，文問在複誦時就產生問題，只能講出前三分之二的部分。在老師自編的國語文能力測驗中，其短期記憶負荷量大約在五至六個字詞。而在聽覺能力測驗中，其語句的字詞銜接與使用上有困難。每聽到一個句子，會跟著在自己嘴邊複述幾遍，五字與六字時可以完整讀出，多一點字時則僅能記得不完整語句，但能記得關鍵字詞。另外，在部分字詞的聽力辨識上，有不太清楚的狀況，如在「ㄋ」、「ㄌ」、「ㄖ」與「ㄣ」、「ㄥ」等兩組的相似音上分辨有困難，而在聲調的標示上分不清楚二聲與三聲，這也影響在以聽力為主的教學中，她需要多花另一個向度思考字詞的正確性。老師發現文問在語句的理解上有問題，例如：「姊姊現在很累，不想念書，想先看一會兒電視，休息半小時後再回書房念書。請問：姊姊現在有沒有在讀書？」文問對類似的問題，要思考良久，嘴裡默唸老半天，才能做出回應，其正確與否，取決於文章的長短及複雜度。有趣的是，這些問題以書面的方式呈現時，文問因能有較高的答題正確率，挫折度就相對的減少。

綜合問題診斷

- 文問對於語音所傳達的訊息不能全然掌握，在語文理解與使用上常常有困難，其可能原因在於注意廣度較小，短期記憶負荷量不足，當句子稍長、生字稍多時，便無法運作，在詞意的抽取上即發生困難。
- 文問在語詞記憶中，最多僅能記得五至六個語詞，顯示其在短期聽覺語詞記憶能力偏低，這會影響到長期記憶的貯存，因為無法把學過的字詞放到長期記憶中，如果下次遇到同樣的字詞也不能馬上辨識出來，回應所聽到的問題時就會比較遲緩。
- 文問在部分字詞的聽力辨識上，有不太清楚的狀況，如在「ㄋ」、「ㄌ」、「ㄖ」與「ㄣ」、「ㄥ」等相似音上分辨有困難，而在聲調的標示上分不清楚二聲與三聲。這可能是音韻處理有缺陷，無法有效地將聽到的語言訊息暫存在工作記憶中做進一步之處理。

問題分析 2-1：聽覺理解之問題

文問在被問到「姊姊現在很累，不想念書，想先看一會兒電視，休息半小時後再回書房念書。請問：姊姊現在有沒有在讀書？」時，文問需要長時間才能回應。聽覺理解需要聽者在聽見聲音或聽別人說話時能分辨且注意說話者所談的內容，對於有關之訊息要能加以選擇、過濾、組織和評鑑等等程序。文問對於語音所傳達的信息不能全然掌握，從種種資料來看，在語文理解與使用上有困難，其可能原因在於注意廣度較小，短期記憶負荷量不足，無法運作這麼多的句子，在詞意的抽取上便發生困難。如果僅是「姊姊現在很累，不想念書」這樣的句意理解對文問是沒有問題的。再者，文問的字彙數量不足，聽到自己不熟悉的字詞，很難從前後字去推論整句話的意義，因此回應時會較遲緩，或僅能針對前後段句或她所熟悉的關鍵字做回答，無法做全盤的反應。

策略 2-1-1　藉由自編聽覺理解測驗檢視問題所在

聽覺理解一般包含句意理解、聽話理解及短文理解。教師可在課堂中做個簡單的檢測，如下列聽覺理解測驗練習，以釐清問題所在。

在一個下雨的星期六，學校舉行園遊會，來逛園遊會的人很多。

妹妹他們班上賣的是奶茶，我們班上賣的是小籠包。

這次的園遊會我覺得學到很多，也賣了很多小籠包，爸爸說：「很不錯！以後只要一個學期參加一次園遊會，下次一定可以學到更多，做得更好。」

1.（　）園遊會那天的天氣是①陰天②雨天③晴天④晴時多雲偶陣雨。

2.（　）園遊會那天賣奶茶的人是①爸爸②媽媽③哥哥④妹妹。

3.（　）作者在園遊會那天賣了①小籠包②披薩③炸雞④奶茶。

4.爸爸參加園遊會的感想是什麼？＿＿＿＿＿＿＿

5.作者怎麼描述這場園遊會？＿＿＿＿＿＿＿

老師評量：

項目＼程度	優良	通過	需加強
字詞理解			
句意理解			
文意理解			

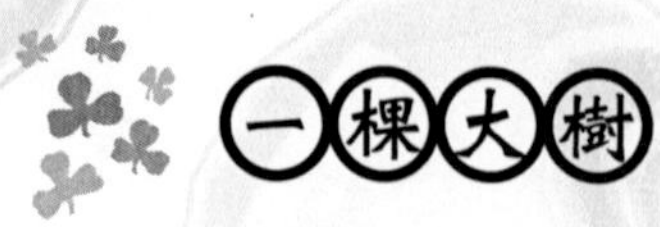

阿海的動作很慢，老師常常叫我照顧他。

前幾天，老師找了十二個同學，要表演「小紅帽」的故事。老師對我說：「你演一棵大樹，好不好？」我搖搖頭，阿海知道我不想演大樹，他慢慢的說：「老師，我來演大樹。」

表演的那天，阿海穿著綠衣服，打扮成一棵大樹，直直的站在台上。大樹只是一種布景，阿海卻演得那麼認真，我真是服了他。

表演結束了，大家用力的拍手，都說阿海演得真好。

說一說：

1. 阿海為什麼會願意幫作者當大樹？
2. 作者對阿海的表演有什麼感覺？
3. 經過表演後，你猜老師和其他同學會覺得阿海是一個怎樣的孩子？
4. 全班每個人都喜歡演小紅帽嗎？說說你的理由。

老師可先選擇字頻高（常用字）的短句，看看學生的理解為何，依次再延伸為學生所熟悉場景的對話，最後為小短文，據此檢測學生到底在哪一個理解層次出了問題。

如果在句意理解就有困難，老師則需把句子中主要的字詞抽取出來，呈現圖畫與之相互配合，加深學生印象，再呈現其他範例，並與主要字詞配合，讓學生了解句意。如果是小短文理解有困難，教師則需將「主要句子」從文中抽取出來，同樣也呈現視覺圖畫與之配合，並呈現其他相似句型，讓學生能試著找出彼此相關處，擴充其聽覺理解層次。

策略 2-1-2　增加字彙量，並善用 5W1H 法

學生的理解力有困難，通常是其字彙量有限，閱讀是最有效的解決之道。教師先教日常生活中出現頻率較高的高頻字，讓其能望文生義，觸類旁通。這點可先由繪畫為主，從講述文字較少的故事書著手，引發學生動機，講述過程中，善用肢體動作及誇大的語調，加深學生對字詞的印象，講解完畢，請學生重述故事大綱，如學生無法完整表達，教師可用 5W1H 詢問的方法，協助學生理解故事主軸，見下頁練習：

【練習 2-1-2】5W1H 法

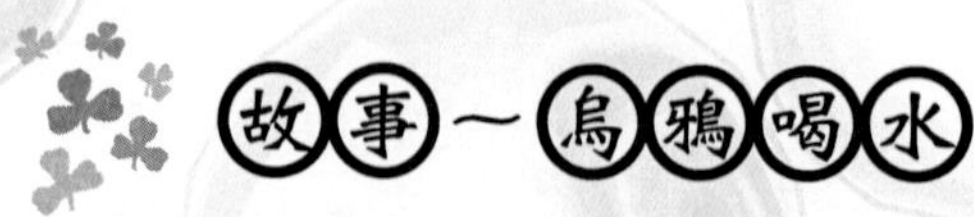

有一天下午，有一隻烏鴉在大太陽下飛了好久，實在非常的口渴，可是卻找不到水喝，烏鴉覺得很喪氣。

忽然，烏鴉在一棵大樹下看到一個花瓶，牠希望能找到一些水，可是，當牠飛到花瓶那裡，卻覺得很失望，因為那個花瓶的瓶口很窄，而且瓶裡的水很少，烏鴉根本喝不到。牠試過很多方法，還是失敗。

最後，烏鴉啣來很多小石頭，再用嘴巴把小石頭放進花瓶，漸漸的，瓶裡的水上升，烏鴉終於能夠喝到水了。

說一說：

1. 故事的主角是誰（Who）？
2. 故事發生在什麼時候（When）？
3. 故事發生在什麼地點（Where）？
4. 主角想做什麼事（What）？
5. 當主角做了想做的事後，又發生了什麼事（What）？
6. 故事的結局為何？主角如何達到目的（How）？
7. 你覺得故事中的「喪氣」是什麼意思？

問題分析 2-2：聽覺記憶之問題

聽覺的理解程度植基於聽覺記憶的多寡。文問在語詞記憶中，最多僅能記得五至六個語詞，顯示其在短期聽覺語詞記憶能力偏低，由於記憶與學習的關係密不可分，且訊息保留是知識內化的第一步，因此文問的短期記憶廣度與工作記憶的運作，可能影響到文問學習國語文時，認字、分辨及理解的功能，若學習無法保留，也會影響到長期記憶的儲存，因為無法把學過的字詞放到長期記憶中，如果下次遇到同樣的字詞也不能馬上辨識出來，回應所聽到的問題時就會比較遲緩。

策略 2-2-1　藉由自編聽覺記憶測驗檢視問題所在

教師可用小短文檢視學生的記憶量，作為給與後續教材的依據。如以下練習所示：

小朋友，等一下老師會講一個小小的故事，大家注意聽，然後把你所聽到的大聲說出來。注意了，老師要開始說了……

有一天早上，媽媽帶小玲到社區游泳池去游泳。到快要中午的時候，才回到家裡。

媽媽說：「有人吃掉了我的甜甜圈。」

小玲說：「我的甜甜圈也被吃掉了。」

爸爸說：「糟了！我今天多吃了兩個甜甜圈，不知道是誰放在桌上的呢！」

老師評量：

程度 / 項目	優良	通過	需加強
字詞記憶			
句子記憶			
內容記憶			

每個人都有志願，我也有志願。

我想當空中飛行員，能夠在空中自由的飛翔，就像小鳥一樣。

我也想當老師，因為老師可以教學生讀書、寫字、唱歌、遊戲，還可以使壞學生變成好學生。

我還想當醫生，可以幫病人把病治好，使他們能很快恢復健康，才可以到戶外去玩耍。

這幾個都是我的志願，等到以後我再決定一個我最喜歡的志願。

老師評量：

程度 項目	優良	通過	需加強
字詞記憶			
句子記憶			
內容記憶			

策略 2-2-2　使用視覺輔助

由於文問聽覺語詞記憶容量不大，因此可利用圖畫的方式及文字位置的擺放，提供視覺大綱或是圖示，鼓勵其利用錄音帶重複練習聽。交代作業的時候避免只用口語說明，寫在黑板或是寫在紙上給她，或利用電腦動畫活潑的媒體教材，幫助文問記憶及學習，多做延伸，並大聲說出。

策略 2-2-3　縮短句子，重複提示

在說話前提醒文問注意聽，然後盡量面對文問說話，輔以表情或肢體動作以加深記憶，並給與視覺性的線索。在教學時盡量縮短句子的長度，採用逐步增加句子長度來進行學習，並將速度放慢，適當地將問題分段落，講完後請她重複，確認她了解老師要表達的意思，並隨時反問：「老師剛剛說什麼？」由於文問習慣在嘴邊複述所聽到的字詞，教師應鼓勵其將句子拉長，並大聲講出。

策略 2-2-4　提供記憶策略

提供記憶策略，如複誦法或心像法幫助文問增進記憶力。在唸完一段文字後，指導學生試著在腦中產生一個圖像或圖片，並用自己的話加以描述。

問題分析 2-3：字音辨識問題

文問在部分字詞的聽力辨識上有不太清楚的狀況，如在「ㄋ」、「ㄌ」、「ㄖ」與「ㄣ」、「ㄥ」等相似音上分辨有困難，而在聲調的標示上分不清楚二聲與三聲。例如無法區辨「簿子」／「褲子」中，「ㄅ」與「ㄎ」音之不同，「買梨」與「賣力」中三聲與四聲的不同。

聽力辨識與工作記憶效能有極高的相關。這方面有學習困難的學生其工作記憶運作效能較差，他們常有音韻處理缺陷，而且無法有效地將聽到的語言訊息暫存在工作記憶中做進一步之處理。

策略 2-3-1　呈現相近音的反覆練習

讓學生做相近音的反覆練習，對於所發錯的音特別強調，使其明白錯誤所在。同時利用誇大的嘴形，重複示範同一音的四個聲調，讓學生區分四聲的差別。另外，也可將學生的說話或朗讀錄音，配合老師的正確發音，讓其重聽時能分辨差異所在，進一步做出修正。

針對形成因素：

1. 觀察學生的錯誤發音是否為習慣性的，若有發錯音的情形應立即加以糾正，以幫助學生改掉壞習慣。
2. 判別學生是否因為國語文的注音符號沒學好導致發音問題，配合國字耐心地重新施予注音符號教學。舉例：「吃」（ㄔ）與「出」（ㄔㄨ）是代表不同意義的語音，加深學生的印象，著重於學生發音問題的改善。
3. 針對孩子較易有構音問題的部分，建立其對語音對比的認識。設計一些含有對比音的圖畫，例如：兔子／褲子、帶子／蓋子、躲起來／裹起來（見練習 2-3-1），將這些圖畫畫在一張紙上，但不要配對排列，再準備幾張小的圖畫紙，對學生說：用這些圖畫紙作成一本小書，先剪下我唸到的圖畫：兔子—褲子。再把兔子和褲子貼在這一頁，因為這兩個音聽起來很像，只不過兔是舌尖的聲音，褲是喉嚨的聲音。繼續用這樣的解說方式，讓學生完成他的配對。每一個配對是一頁，最後加上封面，上面標明是舌尖聲音和喉嚨聲音的冊子（孟瑛如，2001）。

【練習 2-3-1】相近音之反覆練習

兔ㄊㄨˋ子˙ㄗ	褲ㄎㄨˋ子˙ㄗ

袋ㄉㄞˋ子˙ㄗ	蓋ㄍㄞˋ子˙ㄗ

【練習 2-3-1】相近音之反覆練習（續）

	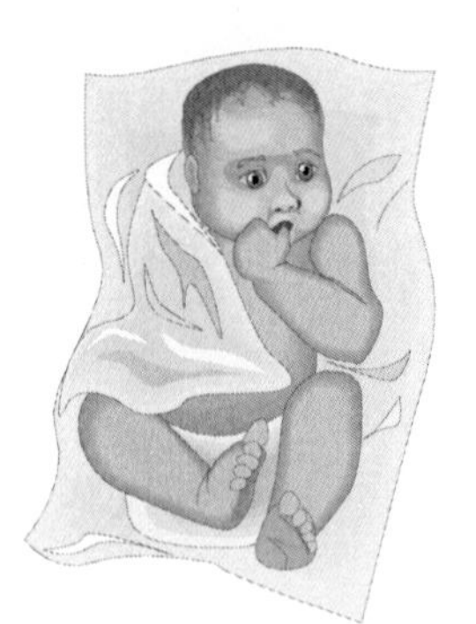
躲ㄉㄨㄛˇ起ㄑㄧˇ來ㄌㄞˊ	裹ㄍㄨㄛˇ起ㄑㄧˇ來ㄌㄞˊ

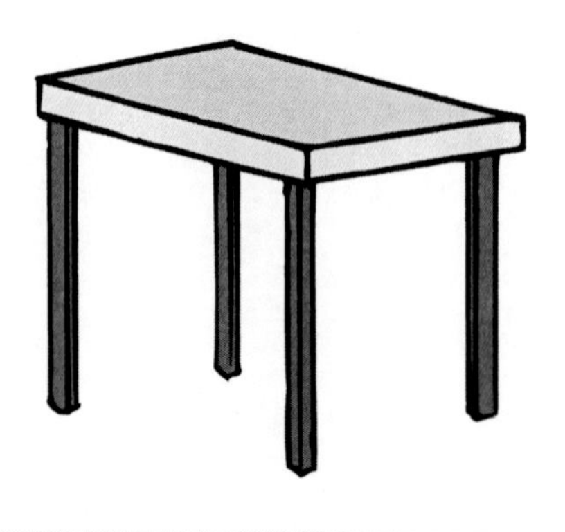	
桌ㄓㄨㄛ子˙ㄗ	鍋ㄍㄨㄛ子˙ㄗ

個案二：偉中

偉中是個好動的一年級男生，父母親均在銀行上班，從小給鄰居的保姆照顧，直到四歲半進入幼稚園。他雖然好動，但不吵鬧，話語不多。進小學後，在學業上的表現中等，肢體動作雖多但口語回應比一般學生少。老師發現，他常常會有誤聽與誤解語詞的現象產生。被要求回答問題時，常常無法說得很流暢，當別的小朋友陳述學校所發生的事，如：「我今天在操場上，撿到一隻藍色有多啦A夢的手錶，不知道是誰掉的？」偉中僅能用「手錶掉了，誰的？」來涵括整個事件。

老師給與他簡單的繪圖，如「有三朵花生長在泥土」的圖片時，他會說成「澆花」或「花在長大」等不能反應圖片主軸的字詞；在課堂的口語對話中，他大都使用簡單且重複性極高的字彙來表達自己的想法。幸運的是在老師的引導下，他漸次的能拉長句子，且相異字詞增多，表達層次也有所改進。

綜合問題診斷

- 偉中容易有誤聽與誤解語詞的現象產生。當所聽到語言中的句子結構愈來愈複雜時，工作記憶運作較不自動化，無法有效的分散認知資源，同時無法將語言訊息暫存於構音迴路中並加以處理、建構意義，導致其在處理語言訊息時常有詞彙抽取、語法解析及理解之間問題產生。
- 偉中無法流暢的表達，字彙量有限，是他無法表達想法的主要原因。另外，他無法從圖片中抽取主題做陳述，可能導因於無法區分開有關與無關的線索。

問題分析 2-4：誤聽問題

偉中容易有誤聽與誤解語詞的現象產生。由於口語表達與前述文問的聽覺理解和記憶是環環相扣的，它牽涉到詞彙的辨認、句子成分的分析，語法、語意、語用關係的判斷，再到內在表徵系統中訊息的解釋及理解，以及將這些訊息與原有的語言知識之整合、儲存。當所聽到語言中的句子結構愈來愈複雜時，工作記憶運作較不自動化，無法有效的分散認知資源，同時無法將語言訊息暫存於構音迴路中並加以處理、建構意義，導致其在處理語言訊息時常有詞彙抽取、語法解析及理解之間問題產生，這是偉中誤聽與誤解的主要原因。

策略 2-4-1　縮短問題並藉由複誦確定其了解題意

1. 將問題分解成幾個小問題，引導學生將答案帶出來。
2. 要求學生重複問題，並試著要他用自己的話解釋問題是要問些什麼。
3. 教導學生當出現「人、事、時、地」等問句時，應回答的特定重點。
4. 讓學生了解問題通常包含下列五個原則：「how」、「why」、「what」、「who」、「where」，例如：
   你今天的晚餐吃什麼（what）？
   你為什麼要吃這麼多的晚餐（why）？
   你如何把桌上的菜吃光光（how）？
   你們家的晚餐是誰煮的（who）？
   你們在什麼地方吃晚餐（where）？

教導學生如何去聽問題的關鍵詞並能以此掌握回答重點。

5. 引導學生說出針對題目而給的答案，並就題目再說明一次，告訴他答案與題目的因果關係、邏輯。
6. 學生明顯不清楚題意時，老師可將問題重述一次，學生若無法回答，給與提示，還是不能回答，則給與正確答案，請學生重複問題及答案。

問題分析 2-5：口語表達問題

偉中無法流暢的表達。給與簡單的繪圖，如「有三朵花生長在泥土」的圖片，她會說成「澆花」或「花在長大」等不能反應圖片主軸的字詞，在課堂的口語對話中，他大都使用簡單且重複性極高的字彙來表達自己的想法，顯見偉中的字彙量有限，是他無法表達想法的主要原因。另外，他無法從圖片中抽取主題做陳述，可能導因於無法區分開有關與無關的線索，無法辨認圖形與封閉性知覺，這些均需要利用視知覺測驗做進一步診斷，不在本書討論範圍。

策略 2-5-1　看圖說故事

呈現圖片如練習 2-5-1.1，讓學生看圖說話，先檢視他的回答是否講出圖片主軸，如果不能做到或只能部分做到，老師告知可接受的回答，並請學生重複說一遍，當其可抓住要點時，鼓勵他們再多做延伸。如從媽媽對我好－媽媽對我非常好－媽媽對我非常好，因為我很乖……等。

此外，在學生具有基本看圖說故事的能力後，可呈現真實照片如練習 2-5-1.2，所選的題材盡量與其現實生活經驗貼近，讓學生先自由發表與照片相關的個人經驗，再請他比對老師準備的答案，試圖利用其生活知識所建構的基模來推論照片內涵，先有概括性理解後，可再加入新的詞彙或語詞，另做說明練習，以增進口語表達能力。

【練習 2-5-1.1】看圖說故事⑴

圖 片	可接受的回答（2 分）
	媽媽幫孩子擦臉 她幫兒子把臉擦乾淨 兒子牽著一隻兔子
	有一個媽媽照顧孩子 孩子生病媽媽在旁邊 孩子抱著小熊準備睡覺
	小朋友玩飛機玩得很高興 小朋友正在玩飛機 小朋友做好了他的飛機
	有三個人在唱歌 大家一同唱歌 合唱 合唱比賽

（續上頁）

圖　片	可接受的回答（2 分）
	魚在杯子裡 魚在魚缸裡 魚在燒杯裡 杯子裡面裝魚
	箭射中靶心 箭射中紅心 箭射中中心 射飛鏢在中心
	爸爸和兒子手牽著手 爸爸牽著兒子 兒子抬頭看著爸爸 爸爸和兒子互看
	有一個人要接球 他要接對方的球 捕手想接球 他帶著面具接球

（續上頁）

圖　片	可接受的回答（2分）
	工人在搬貨 這兩個人在運送貨物 貨物看起來又大又重
	帆船浮在水面 船在海上漂 船隨波逐流 天上有白色的鳥在飛翔
	有兩個人在打棒球 一個在打球 一個在接球 一個是打擊手 一個是捕手

【練習 2-5-1.2】看圖說故事⑵

圖　片	可接受的回答（2 分）
	奶奶抱起嬰兒對著鏡頭做鬼臉。 後面有綠色的草地。 我小時候阿媽也這樣抱著我。 我們家有好多這樣的照片。
	小鳥在空中飛。 小鳥在飛。飛的小鳥。 小鳥在找棲息的地方。 小鳥張開大翅膀，飛在藍藍的天上。
	烏龜伸出頭腳，慢慢在草地上爬行。 烏龜在看天空，看起來好悠閒。

策略 2-5-2　教授口語文法

1. 幫助學生建立文法規則，例如要有主詞、動詞、形容詞、介詞、副詞及其間的關係等。
2. 跟學生分析句子的結構，列出一些基本的結構（例：主詞＋動詞＋受詞），請學生造句，再衍生難一點的結構（主詞＋副詞＋動詞＋受詞），請學生練習，最後拿一些不完整的句子請他練習完成。
3. 多跟學生談話，讓他從說話中學會語言的用法。
4. 準備一些寫有名詞、形容詞、動詞的小卡片，由學生練習組成句子。
5. 先使用「二字構成一詞或一句」的句詞來練習說話，再加上形容詞或副詞等修飾與加長話語。
6. 平常練習和學生對話要用完整的句子，他才有範例可以模仿，如說「你要吃飯嗎？」會比「吃飯？」的句子練習效果佳。
7. 將一句子按主詞、動詞、形容詞、受詞等製成數個字卡，形成造句列車，讓學生排出車頭、車身、車尾；或是故意將造句列車顛倒、混淆或省略，請學生排出正確順序（見練習 2-5-2）。

【練習 2-5-2】造句列車

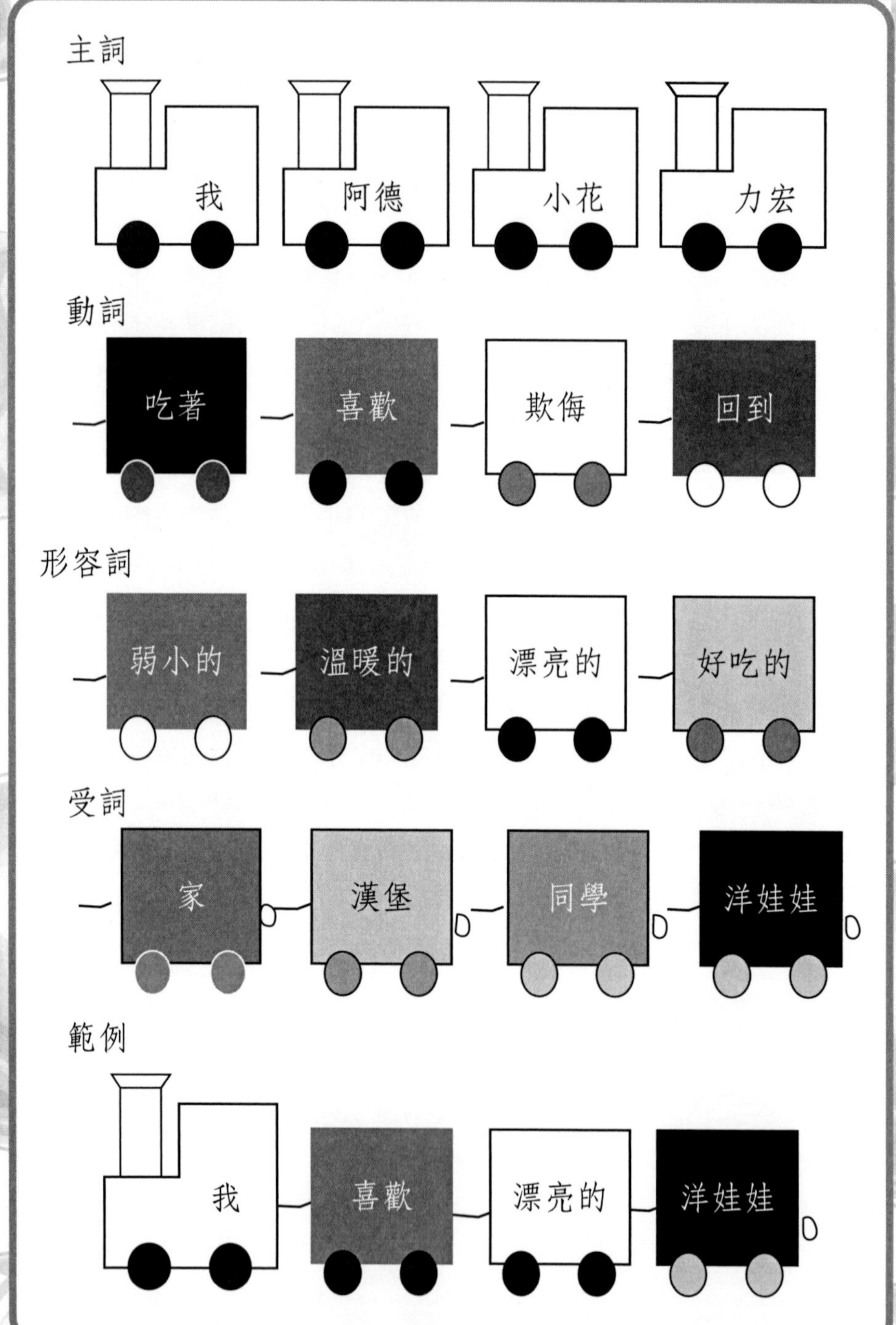
主詞
我
阿德
小花
力宏
動詞
吃著
喜歡
欺侮
回到
形容詞
弱小的
溫暖的
漂亮的
好吃的
受詞
家
漢堡
同學
洋娃娃
範例
我
喜歡
漂亮的
洋娃娃

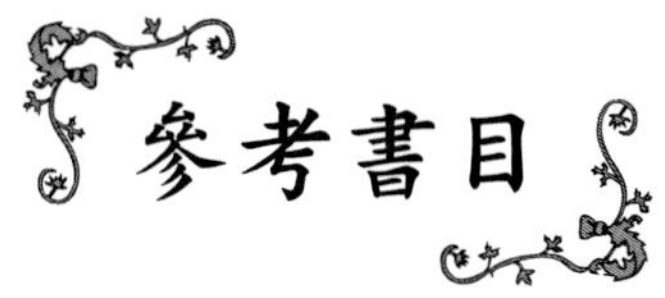

參考書目

孟瑛如（2001）。學習障礙與補救教學——教師及家長實用手冊。台北：五南。

學習閱讀

方金雅

個案一：小明

小明是個國小二年級的小男孩，家境普通，媽媽在家從事家庭美髮的工作，是家中經濟的主要來源。由於生意頗佳，姐姐也需要幫客人洗頭，沒有人有空督導他的功課，偏偏他是個相當被動的孩子，每天的回家功課，都要有人三催四請才肯去寫。小明在寫功課時，經常出現注意力不集中的現象，有時東張西望，有時問東問西，作業寫沒幾行，就會離開座位去做別的事。因此，若要能順利完成作業，通常需要大人在旁邊督導，看著他寫字，但也常有停下來發呆的情形，仍舊不能專心寫字。同時，他寫字非常慢，經常把一個字分成多次抄寫，一筆一劃的對著原字寫。即使是一筆一劃的對照摹寫，仍會有增減筆劃的現象，至於筆順也經常變化，並無一定的規則可循。

最近，他寫字的速度比較快了，但是他寫字的方式是寫分解字。什麼是分解字？就是把一個字分成幾個部分來寫，像是：寫一行「國」時，他會先寫一行「囗」，再回頭補上「或」，但會漏掉筆劃。此外，老師考聽寫時，他經常寫出形似錯誤的別字，出現字形相似混淆的情形，如「清明節」的「清」寫成「晴」，「小偷」的「偷」寫成「愉」，或是字音相似混淆的情形，像是把「珊瑚」的「珊」寫成「山」，「值日生」的「值」寫成「直」，「操場」的「操」寫成「抄」，是典型錯字連篇型的學生。

綜合問題診斷

- 在兒童學習認讀文字與習寫文字的過程中，主要是以由下而上的模式在進行，也就是以字的整體形狀作為認字的依據，且常犯未詳細分辨字與字間有一邊或是有部分不同的錯誤，因此如果在認讀中文字時，能夠從整體的形狀認讀，進步到從文字的部首、偏旁或是部件來加以認識，可逐步提升認字的層次，有效減輕工作記憶的問題。

本個案中的小明寫字緩慢，且對著文字一筆一劃的抄寫，可見其認字的層次仍在最初階的階段，只有整體的字形，尚無法從文字的部首、偏旁等來認讀，這是問題一。

➽其次，在練習寫單字的過程中，小明先寫一行「□」，再回頭補上「或」，由於習寫分解字，並沒有一次練習全字形，即使習寫多遍，小明對原字的概念並未真正建立，可知其「習寫方式」失當。

➽另外，在聽寫或是造句時，小明常出現形似的錯誤，如「清明節」的「清」寫成「晴」，「小偷」的「偷」寫成「愉」，或是把「珊瑚」的「珊」寫成「山」，「值日生」的「值」寫成「直」等同音字混淆的現象，顯現其「字彙知識」不足。

所謂「字彙知識」，一般而言，包括特定字彙知識（specific lexicon knowledge）與一般字彙知識（general lexicon knowledge）。所謂特定字彙知識，是屬於每一個字彙特有的訊息，如：美的讀音為「ㄇㄟˇ」，具有「漂亮，好看」的意思，筆劃是九劃，其筆劃順序由上而下。而一般字彙知識則是許多字彙共有的特性，例如：「組字規則」、「有邊讀邊」、「看部首猜字義」等。

「組字規則」指文字部件擺放的原則。基本上中文字的組合有由上而下如「美、麗」兩字、由左而右如「特、性」兩字，還有包圍的組織如「國、圍」。部件經常有其相當固定的空間位置，而極少出現在其他的位置上。例如：部件「宀」總是位於一個字的上面，不置於字尾或偏旁；而「手」則通常在一個字的左邊，而非右邊的部首（鄭昭明，1993）。至於「有邊讀邊」，則是指中文字的發音經常與該字偏旁的發音有所關聯，像是：「清」、「青」、「請」發音相同，「跑」、「泡」發音相近。「看部首猜字義」則是中文字的部首，可顯示出所屬中文字的字義或類別，例如：「艸」和「豸」分別表示「植物類」和「四腳動物類」的意思。如果學生能歸納中文字彙共有的特性，自然而然運用這些能力，將可有效促進認讀文字與習寫文字的學習。

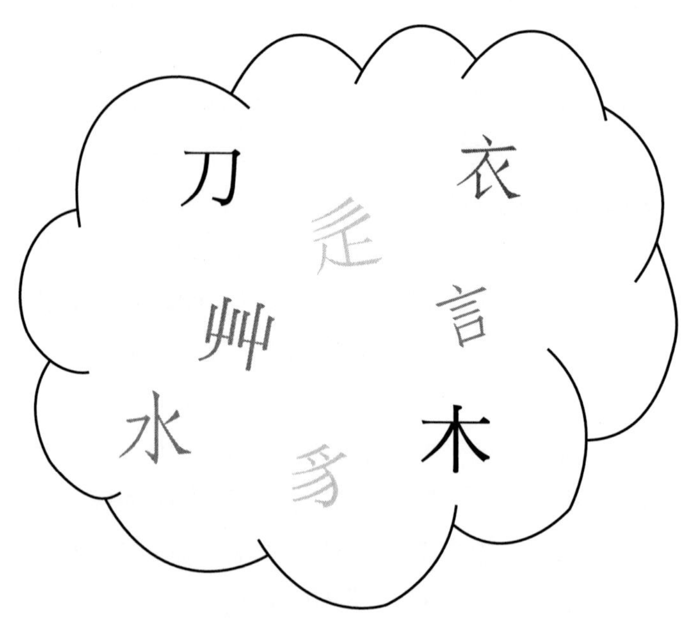

問題分析 3-1：文字部件的概念

在文字學習方面，黃沛榮（1996）提出「部件」的概念，認為部件是介於筆劃與偏旁之間的中文書寫單位，也是構成中文字的零組件，若配合傳統六書的造字規則與部件的學習，可以幫助學生更容易掌握字形。

在個案的敘述中，小明寫字必須一筆一劃照著寫，同時有增減筆劃的現象，且筆順也經常變化，可知其對中文文字的結構與特性並未有良好的掌握，小明「尚未發展出文字部件」的概念。

策略 3-1-1　眼明手快找出相同的部件

為了使小明具有文字部件的概念，父母親或老師可設計文字部件的遊戲活動，例如找字高手，讓學生找到相同的部件（如練習 3-1-1.1），訓練其視覺分辨的能力，或是設計迷宮遊戲，讓小明從遊戲中學習（如練習 3-1-1.2）。

說明：把雲朵裡有「包」的字圈起來。

說明：請順著有「木」字的格子往前走。

沐	跳	杰	杉	杠
杰	林	妙	汁	桌
爬	妙	活	呆	好
什	森	笑	計	杏

完成了

策略 3-1-2　分析文字部件

為了進一步使小明感受到文字部件的功能，明白文字組合在中文的必要性，老師可先選擇常用的部首與偏旁製作拼字書，在翻閱與組合的過程中，讓學生看到不同的文字有相同的部件，促其形成部件的概念，從中覺察到不同的文字部件組合的結果（如練習 3-1-2.1）；另外，中文字約有八成是形聲字，如果能讓學生使用「有邊讀邊」的學習策略（如練習 3-1-2.2），或是使用「看部首猜字義」的策略（如練習 3-1-2.3），都可促進學生對文字部件的認識。不過，要特別提醒的是「有邊讀邊」的策略，並不是百分之百可行，因為有些字的讀音仍有誤差，例如：有「青」的部件的字，幾乎都有「ㄑㄧㄥ」的音，像是「晴」、「情」、「清」、「請」等，但也有「倩影」的「倩」就不發「ㄑㄧㄥ」的音，雖然如此，這仍是一個猜生字時非常好用的策略。

說明：我們來找一找，圈出相同的部分，並將相同的部分寫在□內。例如樹、林、樟、相四個字相同部分是木。

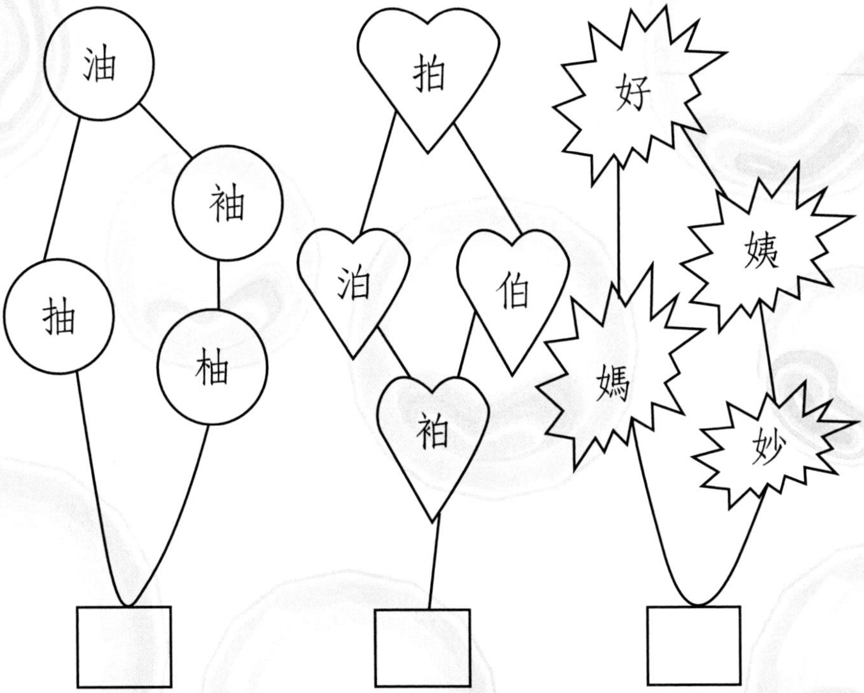

油 袖 抽 柚 □

拍 泊 伯 袙 □

好 姨 媽 妙 □

字的銀行

猜一猜！這是什麼聲音？

說明：請你來猜一猜這些字讀什麼聲音？
不用去管四聲喔！
請用線連起來。

情　抱　清　晴

【練習 3-1-2.3】看部首猜字義

請找與太陽有關的字

說明：小哈利的掃把和帽子弄丟了，太陽神給他指示，請他順著**與太陽有關的字**找，就可以找到了！

從這裡出發

湯	淚	晴	明
挑	曉	捐	燒
笑	相	暖	歡
洽	晨	晾	就
春	時	侍	魷

找到了！

問題分析 3-2：習寫方式失當之問題

小明把一個字分成幾個部分來寫，先寫一行「□」，再回頭補上「或」，可見其已初步具有文字部件的概念，但因他寫分解字，導致練習多遍後，小明仍然對字沒有整體的概念，且會出現漏掉筆劃的現象。

策略 3-2-1　陪伴孩子做功課

為了讓小明感受到父母及家長的關心，陪伴孩子做功課的時間可以不必很長，但需要陪伴孩子，留意孩子的筆順筆劃是否正確，如果不正確，立即給予指正，或親自示範寫法並說明文字組合的意義，鼓勵孩子進行有效的練習。

策略 3-2-2　自己當主人

小明重複抄寫生字，可能因為不耐煩，所以「有手無心」的交差了事，因此，師長可嘗試著將練習寫字的權力交還給小朋友，引導小明思考每一個字如何組成。也可以請他在媽媽手上寫，或在媽媽背上寫，讓媽媽猜是哪一個字，增加練習的趣味性，而不一定全要透過書面筆劃的動作來習寫。

問題分析 3-3：替代字的問題

小明在習寫中文方面，除了速度慢外，也出現字形相似的混淆字、同音字混淆、寫出錯誤的替代字，可歸納其因為「字彙知識」欠佳。

所謂「字彙知識」，最容易加強的是：「有邊讀邊」，其次則是「組字規則」、「看部首猜字義」等，而三者可以一起呈現。老師或家長需要加以設計，例如：要加強「有邊讀邊」的知識，那就需要把要讀的那個「邊」用與另一邊不同的顏色呈現，使它顯明出來。

此外透過大量閱讀增進小明的詞彙，也是避免混淆字很重要的方法之一。請參考單元四和單元十增進詞彙的方法。

策略 3-3-1　中文部件分色教學

在增進兒童「有邊讀邊」，以及「組字規則」、「看部首猜字義」能力時，可參考黃碧雲（1989）以文字部件分色教學法採用五種顏色來表示部件的性質。為使孩童能更簡要的記住部件的功能，筆者修正為兩種顏色，分別為紅、藍兩色，紅色代表聲旁，提供「有邊讀邊」的線索，藍色代表部首，提供「看部首猜字義」的線索。採用各文字部件分色教學，使文字結構明朗，讓學生易看易懂，並增加學習趣味，教學上會有事半功倍之效。

策略 3-3-2　部件拼讀練習

除了採用部件分色法之外，也可運用學過的部件組成新的字，如：力、口、人、木、言、五

力＋口＝加
人＋木＝休
人＋言＝信
言＋舌＝話
言＋五＋口＝語
口＋木＝呆

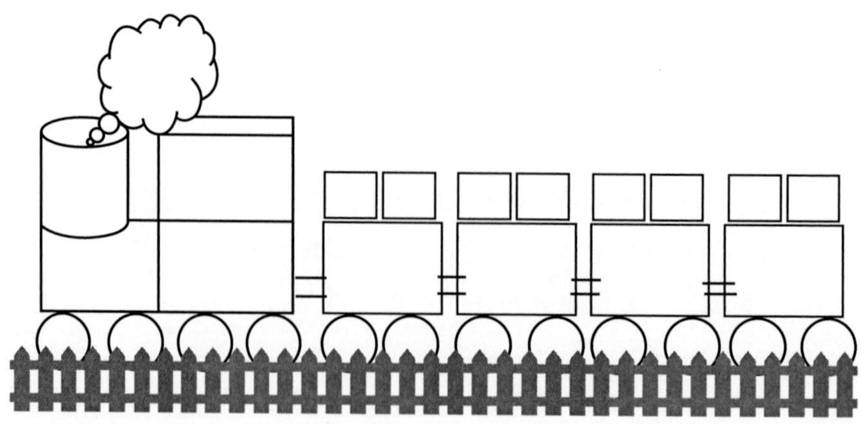

【練習 3-3-2】文字部件拼讀

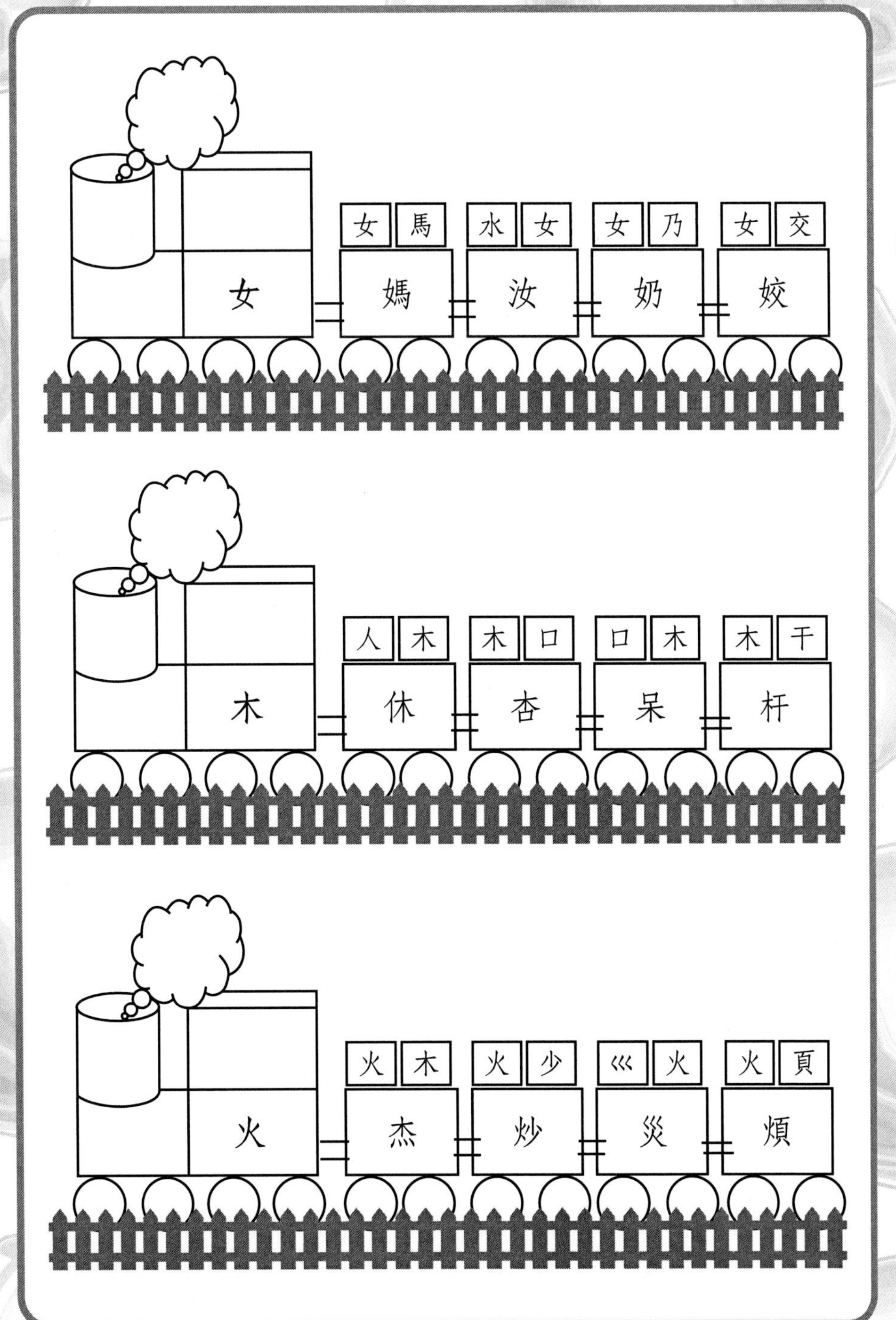

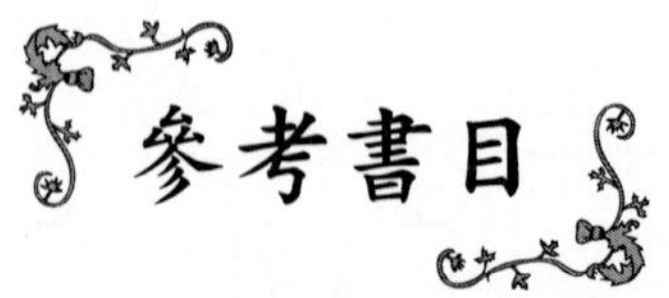

參考書目

黃沛榮（1996）。漢字部件研究。載於**第七屆中國文字學全國學術研討會論文集**，343-359。

黃碧雲（1989）。通過「漢字部件分色教學法」開拓華文教學與華文研究的新境界。載於**第二屆世界華語文教學研討會論文集教學與應用篇**，221-228，世界華文教育協進會編印。

鄭昭明（1993）。**認知心理學**。台北：桂冠。

閱讀理解

簡馨瑩

個案一：伯倫

「上課鈴聲響了，二年四班的小朋友上課了，趕快進教室！」

老師在班長喊完「起立、立正、敬禮」口令後，請同學翻開第三課新的一課，照往例老師先請同學朗讀課文一遍。在全班朗讀課文的時候，老師在行間巡視，發現伯倫的嘴巴有一合沒一合的，咕嚕嗯嗯地出聲。全班同學翻頁繼續唸下一頁時，伯倫動也沒動，仍然停留在前一頁。老師於是拍一下伯倫的肩膀，提醒他翻頁，並指出朗讀的地方。

伯倫最近作業缺交、遲交的情形，有日益嚴重的傾向。對於老師詢問課文內容意思的反應則是遲疑與沈默的。看書時，看到陌生、不認得的字，伯倫就停頓下來發呆，經常需要老師個別指導。

老師看著伯倫，心想：伯倫是不是身體不舒服呢？還是因為最近伯倫媽媽生病住院了，爸爸又出差到大陸去工作，而影響到伯倫上課的情緒呢？或者是伯倫在語文學習上，遭遇到了什麼問題，我該如何幫助伯倫解決這些問題，協助他能夠獨立完成作業？

翻開伯倫的國語習作，發現他在連連看、對與錯的練習項目，完成率是百分之百，至於生字新詞與照樣造句的部分，幾乎是只寫了一半。在寫照樣造句時，經常用注音符號來代替國字，完成的正確率跟全班比起來有落後的跡象。闔上伯倫的國語習作和提早寫作本，老師手撐著臉腮，想起上個星期美勞課，要求全班小朋友按照摺紙飛機的說明文字，自己試試看摺紙飛機。大部分的同學一等老師說完便迫不及待地拿起說明單，手腳伶俐地、口中唸唸有詞地說：「先這樣，再翻過去，……」。反應比較慢的兩三位小朋友在老師行間巡視時，稍加提示，也很快就了解了。而伯倫卻望一下黑板，拿起色紙，嘴裡唸了幾句，然後東張西望看同學怎麼摺。

「伯倫！自己看說明單，練習做做看！」老師糾正伯倫。

結果，伯倫沒有完成紙飛機的作業。

綜合問題診斷

老師初步判斷伯倫的閱讀問題有：

- 可能在字詞彙意義的理解上有困難，或者是在詞彙與詞彙之間發生意義形成的困難。
- 字詞量不足或生活知識不足，造成唸讀課文的速度較一般同學慢。

問題分析 4-1：詞彙與詞彙的理解問題

我們知道如果閱讀裡的內容，有較多不熟悉或不認識的字彙時，朗讀文章時會不順暢，也比較不容易回憶完整的故事內容。伯倫唸讀課文的速度較一般同學慢，問題可能發生在字詞彙不足或生活知識不足，以致造成識讀時的停頓，或讀完操作說明書時，不知道如何依指示進行。在教室裡，要了解學生的閱讀理解能力，最簡易的方法可以採取短文的朗讀，記錄與觀察學生朗讀的過程。於朗讀完畢後，分析閱讀狀況，了解學生理解的情形。

策略 4-1-1　老師應用「朗讀」檢視閱讀理解問題所在

在教室裡，要了解學生閱讀理解能力，可以採取短文的朗讀，記錄與觀察學生朗讀的過程，將朗讀的錯誤類型標示於行間空白處。朗讀完畢後，再提出一些問題，例如：故事裡的主角是誰啊？發生在什麼時候？什麼地方？主角做了什麼事？結果呢？以此作為了解學生閱讀理解情形的線索。

【練習 4-1-1】朗讀歷程分析

說明：小朋友，請大聲的唸。

林良先生

林良先生是一位喜歡為小朋友寫故事的人，還記得書架上的《小太陽》這本書嗎？那就是他寫的。爸爸媽媽小時候最喜歡讀他寫的文章。林良先生今年已經七十幾歲了。他說，他喜歡和你們作朋友，他經常把你們告訴他的事，一點一滴寫下來，然後把它印成一本書，讓很多的小朋友都看得到。

想一想，說說看：

1. 《小太陽》的作者是誰？
2. 猜猜看這篇短文的作者是誰？
3. 文章中的「你們」指誰？

一般朗讀錯誤的類型，根據專家學者們長期的觀察分析可以分為下列六種，老師可直接把學生朗讀錯誤的類型登記下來。

例如：

朗讀錯誤的類型	錯誤紀錄
省略未讀的字彙	
添加字彙	
使用其他字彙代替	
重複停頓不前	
未依標點符號標示唸讀	
字句顛倒	

在文章行間空白處，標示出唸錯的字並記錄孩子讀錯的音。若有時間，可以在讀完後，讓孩子再讀一次，這時候可以提示或修正孩子不會讀的字音，同時注意觀察孩子自己改正的地方。對於孩子唸錯的字詞，可以稍加整理並特別注意下列問題：

1. 唸錯的字與正確字，在字形上的相似程度。

例如：「己」　唸成　「己」

2. 唸錯時，會不會造成語法結構的錯誤。

例如：文章裡的「他說，他喜歡和你們作朋友，」

讀成：「他說他，喜歡，和你作，朋友」

3. 唸錯時，會不會改變語句上的意義。

例如：「那就是他寫的」，有時孩子會唸成「那就是他的」，造成語意的改變。

4. 唸錯了，會不會自己主動回頭修正。

有時候伯倫眼睛盯著課文，遇到不會的字時，就嘟著嘴巴停頓下來。老師請伯倫猜猜看可以唸成什麼，伯倫小聲地說出一個音，有時老師會緊跟著問：「可不可以告訴老師伯倫怎麼猜的？」從伯倫的解釋，作為初步了解伯倫是否了解中國組字規則的知識。有關中國組字規則的知識請參見單元三。

如果伯倫除了生字外，能正確地唸出大部分經常使用的高頻率字彙的話，表示伯倫在閱讀低年級的文章是可以勝任的。

老師還考慮到伯倫朗讀時的流暢度，也就是注意伯倫在唸讀文章時，是在**完整意思的語句停頓**，或者是在**二字詞**或**四字詞成語**的地方停頓斷句，還是以**單一字彙**為單位，一個字一個字的逐一唸讀。以學生唸讀單位的型態作為評量朗讀的依據。

如果孩子多以單一字彙為單位，一個字一個字逐一唸讀的情形居多時，建議要增加他的語彙量。增加語彙的方法只有多讀。

問題分析 4-2：詞彙量不足

經過初步朗讀的分析後，如果孩子多以單一字彙為單位，一個字一個字逐一唸讀的情形居多時，需要藉由大量閱讀來增強生活知識，增加他的詞彙量。在詞彙不夠豐富的情形下，先鼓勵應用猜猜看、不會的字跳過不讀等策略。

策略 4-2-1　詞彙遊戲

可以透過井字造詞遊戲，或全班小組的文字接龍遊戲，刺激孩子增加語彙量。中國文字往往是以詞構成理解意義的單位，也就是說單一文字需與其他文字構成一個詞後，對使用的人才產生確定的意義。所以我們建議認識新詞生字時，增加孩子的「詞」彙量，較有助於閱讀理解。

【練習 4-2-1】：造詞——井字遊戲

例：

白	開	雨
河	水	流
廠	槽	管

練習：

	風	

	花	

	田	

策略 4-2-2　看廣告增加常用語彙

我們經常會收到超級市場、百貨公司、售屋等琳瑯滿目的廣告信件，即所謂的垃圾信件。這些廣告內容大部分是我們熟悉的日常生活用品的展示，是最貼近生活情境的材料。

低年級的孩子有時叫得出產品名稱，卻不認得脫離照片或實物後的文字，也有孩子因長期文化刺激過少的狀況下，叫不出照片上的水果名稱或電器用品的名稱。

我們建議在把廣告單丟進垃圾筒前，帶著孩子唸讀廣告單上豐富漂亮的實物名稱，或者可以模擬兩人上超級市場購物。

例如：

老師：今天我想自己做菜請伯倫吃飯。老師想去超級市場買東西喔。我們先看看廣告單上有什麼東西可以買回來煮呢？

伯倫：買炸雞、薯條、可樂。

老師：炸雞、薯條、可樂嗎？我們來看看廣告單上有沒有呢？

策略 4-2-3　看插圖猜意義

鼓勵孩子先找文章周遭的插圖提示，猜猜看文章的內容。對於不會讀或不認識的字，就跳過去不讀，讀完後老師再完整的從頭到尾讀一次，讓孩子發現少了幾個不會讀的字，還是可以理解的閱讀方法。鼓勵孩子多讀多看，不要因為識字問題，而降低孩子看書的興趣。但是，老師或家長需要留意孩子停頓斷句或無法識讀的地方，可在重讀時幫他讀出，讓他知道正確讀法。

【練習 4-2-3】看圖猜意義

說明：小朋友，請大聲的唸，不會的字跳過去不用唸，接著唸下一個字。唸完換老師唸給小朋友聽。

農曆八月十五日是中秋節。家家戶戶都全家人團聚在一起，吃月餅，剝柚子，賞月亮。在明亮的月光下，聽爺爺奶奶說有關中秋節的傳說。

現在是油桐樹花開的時候。別的花是一朵朵，或一束束的開，也有的是一叢一叢的開。可是，油桐樹可不一樣，它是一片一片的開，開的滿山滿谷都是花。平常翠綠的山，一下子變白了，好像下雪般的美麗。

個案二：士傑

放學了，老師在家長接送區遇到士傑爸爸。

爸爸跟老師說：「我發現我們全家人看電視笑話節目，笑得人仰馬翻時，士傑卻沒反應，或等大家笑完了，才跟著笑。問他哪裡好笑？他回答說不知道。經過我詳細地解釋，有時還加上動作後，他才知道好笑。幾次之後，我開始注意士傑的語文成績和作業的練習。我很擔心士傑是不是哪裡有問題呢？」

老師回答說：「其實笑話是不容易理解的。他需要綜合語意、情境及社會文化風俗等知識，才能體會到笑話微妙之處，建議爸爸多陪士傑讀街道上的看板文字，大量閱讀課外讀物，增加士傑的生活知識。」

士傑是個溫和有禮的男孩，有時會協助老師收簿本，幫老師登記號碼，是老師的好幫手。在語文上的表現，老師發現士傑可以正確無誤且快速地回答文章裡顯而易見、屬於事實性的答案。但是，對於需要想像情境或讀到人物較複雜的故事內容時，好像就傻掉了，不會主動表現，只是沈默地聽同學回答。有時老師會指名回答，士傑的表現經常是支支吾吾、答非所問。

到圖書館上閱讀課時，班上總有幾位小朋友每次都換不同的書，也有一節課換了好幾本書。士傑和伯倫兩人也是每次都換一本新書，一再反覆地看同一頁，或者看著牆壁上的鐘，一直數著還有多久才能下課。老師詢問他們：「是否讀過一本喜歡的書呢？」他們描述說自己如何看著書上的每一個字，翻過每一頁，卻不懂自己在讀什麼。

綜合問題診斷

- 士傑在句子與句子間的整合理解，需要老師加以動作或圖畫的說明，無法自己獨立進行，顯示有語句整合的問題。
- 看著書上的每一個字，翻過每一頁，卻一點都不懂自己在讀什麼。

問題分析 4-3：無法回答不明顯或複雜內容的問題

士傑無法回答文本未提供的事實，或人物較複雜的故事內容的問題。有一些文章並非把所有的細節或訊息都交代得很清楚，因此孩子在閱讀時，需要依據語文所描繪的情境、文章前後文的脈絡，還有一般生活的知識與過去的經驗等，主動地填補文章裡缺失的訊息，幫助自己理解文章的意義。

策略 4-3-1　情境心像圖

心像是一種心理能力，每一個人都有能力產生心像。心像是指在人的腦海中想像一幅景物、圖畫或實際物體的能力，但是它跟實物是有所不同的。心像的產生可以幫助我們記憶，也可以經由心像圖的想像激發過去知識，幫助孩子理解文章。

【練習 4-3-1】激發情境心像

媽媽在廚房裡，咚咚地作響，準備晚餐。

青平穿著一件紅色的外套，撐著雨傘，走出校門。

策略應用說明：

媽媽在廚房裡，咚咚地作響，準備晚餐。我們可以根據句子文意所描述的人物、地點、聲音（動作）、時間等，聯想到與過去有關的知識或經驗在腦海裡浮現出一張圖片：時間是在傍晚，媽媽在廚房裡拿著菜刀，忙著切菜的模樣。句子裡沒有菜刀，但是人類很自動地連結生活經驗，將「菜刀」填補在理解的圖像裡。

青平穿著一件紅色的外套，撐著雨傘，走出校門。同樣地根據人物、地點、聲音（動作）、時間等有關的知識或經驗產生圖像：時間可能是在放學時候，青平可能是女生，雖然句子裡沒有清楚的寫出來，但是我們的生活經驗與知識主動地幫我們填補、想像形成這樣一幅圖畫：她走在又冷（因為穿外套）又濕（因為下雨），一個傍晚（因為走出校門）的冬天裡。至於青平的心情狀況則提供了我們與孩子之間無限寬廣的想像與無數的對話。

問題分析 4-4：無法掌握故事脈絡

故事內容太複雜，故事情節變化過多，孩子可能無法掌握故事的脈絡，對於文字較多的文章，往往只記得片段的語詞，此時可以應用故事骨架幫助記憶與理解。

策略 4-4-1　故事的骨架

指引孩子找出故事中的主角人物，在什麼地方、什麼時候、做什麼事或發生什麼事，最後的結果呢？

【練習 4-4-1】故事骨架——人事地

我請小朋友吃巧克力，裡面包著一個核桃。吃了一半，小明跑過來，滿臉疑惑的說：「老師，巧克力的種子怎麼這麼大呢？」

故事發生在什麼時候？	
故事發生在什麼地方？	
故事裡有哪些人物？	
發生了什麼事？ 1	
發生了什麼事？ 2	
發生了什麼事？ 3	
結果呢？	

<口語練習>看著問題的答案，練習用自己的話說故事

提示：

故事是發生在 ＿＿＿＿ ，老師請小朋友…… ＿＿＿＿

小明以為 ＿＿＿＿ 是巧克力的 ＿＿＿＿ 。

策略4-4-2　「代名詞」的推論

讀到代名詞「他」、「她」或者是「它」時，問孩子「他」、「她」或者「它」是誰，看孩子是否能進行前後文內容的連結，做出正確的推論，協助孩子充分理解文章的意義。

【練習 4-4-2】「代名詞」的推論

說明：小朋友，請大聲的唸，唸完後，換老師唸給小朋友聽。

從前在森林裡，有一個公主，叫做白雪公主，她跟七個小矮人住在一起。

請問：「她」是指誰呀？

嫦娥把神藥全部吞進嘴裡後，突然覺得自己的身子像燕子一樣輕，不由自主地飛出去，飄飄然地升上天空。她飛到離地球最近的月亮上去，住在廣寒宮裡。

請問：

1. 廣寒宮在哪裡？
2. 「她」是誰？

古時候，惠子要到梁國去，當他渡河的時候，不小心掉到河裡。幸好船夫把他救起來。船夫問他說：「你急急忙忙的要去哪裡啊？」惠子說：「我要去梁國當宰相！」

請問：這個故事發生在哪裡呢？

問題分析 4-5：缺乏閱讀興趣或不清楚閱讀目標

閱讀課時，班上總有幾位小朋友每次都換不同的書，也有一節課換了好幾本書。他們的閱讀方式是看著書上的每一個字，翻過每一頁，卻一點都不知道書上說些什麼或不懂自己在讀什麼。

這樣的狀況排除閱讀字詞或理解的問題外，可能肇因於閱讀興趣或不清楚閱讀目標。因此我們應用「猜猜看」與「預言高手」等策略，激發孩子的舊有知識、問題意識與假設，藉由閱讀找尋答案解決問題的歷程，協助孩子順利閱讀，增長生活知識。

策略 4-5-1　猜猜看

1. 拿起任何一本繪本或短文，請孩子先說說看封面的故事，包括這本書的書名、作者、插圖畫家等有關書的訊息。
2. 接下來帶著孩子看書名或標題，還有封面的繪圖或插圖，猜猜看這本書或文章可能在說什麼？鼓勵孩子盡量的猜，猜愈多愈好，不加任何評論或褒貶。
3. 等孩子猜完，若他自己主動說：「我要看！快讓我看它在說什麼」時，陪著孩子一起唸讀完這本書或文章。
4. 最後，時間允許的話，請孩子指出或寫出書裡的內容和自己在一開始猜的內容相同的地方在哪裡？不一樣的地方又是哪裡？

【練習 4-5-1】預言高手

說明：小朋友，看到「第一次坐汽車」的標題，你想文章會說些什麼？

我們一起來看林良爺爺第一次坐汽車的情形。

第一次坐汽車

美國「亨利・福特」先生第一次開自己設計的車子上街是在一八九六年。我第一次坐汽車，是在五歲那一年，離亨利・福特設計第一部車子的日子，已經有六十八年了。那一天爸爸開著黑頭車停在家裡的巷子口。鄰居們都跑出來看，當時覺得自己很威風的樣子。

<口語練習>

林良爺爺第一次坐汽車的情形，和我猜的有哪些情形一樣呢？

林良爺爺第一次坐汽車的情形，和我猜的有哪些情形不一樣呢？

策略 4-5-2　預測

猜！猜猜看！

記得小時候最喜歡玩的遊戲是「猜猜我是誰」，從背後用手矇住同伴的眼睛，有時候故意裝成老公公的聲音，問說：「猜！猜猜我是誰？」

同伴認真地歪著頭，努力地左猜右想的，開始在聲音記憶庫裡搜尋，「阿明！？」、「小仙嗎？」，摸摸矇住眼睛的手，想從手的感覺找出一些蛛絲馬跡，猜猜你是誰。這時候他的腦海裡浮現好多人的臉孔，但是都被偽裝的老公公聲音給否決掉了。猜不出來，只好請你再說一次：「猜猜我是誰？」

讓我們回顧一下前面的歷程：同伴努力的憑著聲音、手的感覺等線索，先假設是誰，然後得到回應說：「不是」時，又開始假設，直到「猜對了」，獲得驗證才被放開轉頭看看到底是誰。這是一連串解決問題的歷程：根據線索與背景知識形成假設，然後再以各種方法驗證，是假設—驗證的解題歷程。同樣地，閱讀也是一系列解決問題的歷程，接觸文章的當下，豐富的背景知識可以協助順暢的閱讀與有效的理解文章。於是教育心理學者與專家們建議，猜測或預測是激發讀者先前經驗的最佳策略。

藉著「猜」，讓孩子告訴我們，他知道什麼，讓我們從孩子先前經驗開始，是最容易引進孩子走入學習的天堂！

藉著「猜」，讓孩子主動與書發生心智的接觸！啟動想要知道的活栓。

藉著「猜」，讓孩子與書發生親密的關係。我猜對了，表示有人跟我一樣！我不孤獨，書裡有我的朋友。

1. 利用文章前後文句（上下文）的關係，推論出字詞的意思。

2. 利用全文的內容，推測接下來的故事或主角會發生什麼事。

【練習 4-5-2.1】預測——老師會說什麼？

說明：接續【練習 4-5-1】的文章，請小朋友注意聽，唸完後，問：猜猜看老師怎麼跟小明說？

我請小朋友吃巧克力，裡面包著一個核桃。吃了一半，小明跑過來，滿臉疑惑的說：「老師，巧克力的種子怎麼這麼大呢？」

請問：猜猜看小明的老師怎麼說呢？

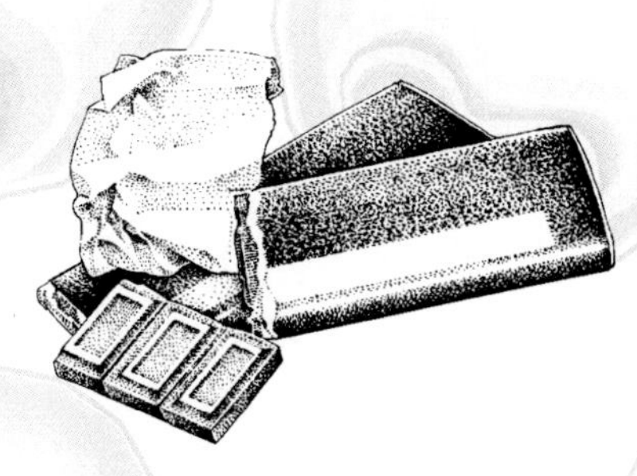

【練習 4-5-2.2】預測——接下來呢？

古時候的人利用影子來計算時間。阿明有一天在地上插一根竹竿說：「竹竿的影子到這個位置，我就回家。」

可是，陰天和晚上看不到太陽，就不能利用太陽和竹竿的影子計時。

說明：小朋友，想想看，接下來會怎麼樣？接下來會發生什麼事？

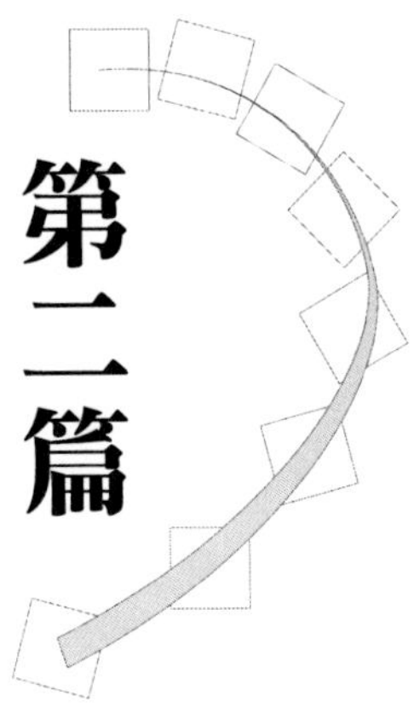

第二篇

數學就在生活中

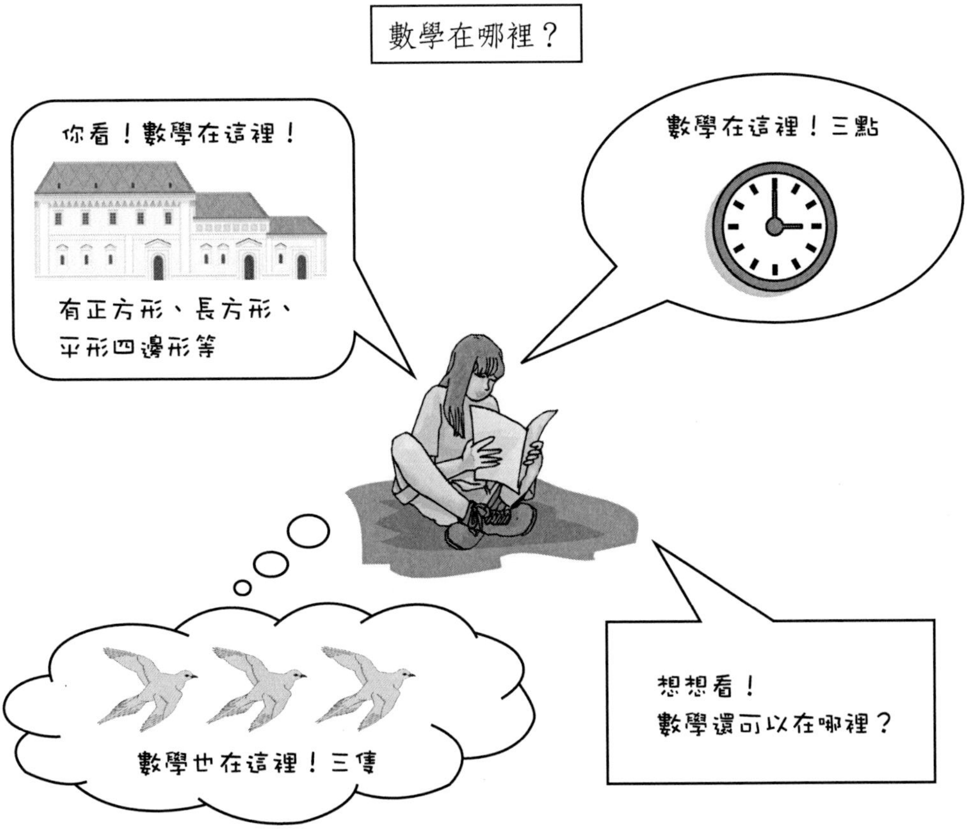

數學在哪裡？

你看！數學在這裡！

有正方形、長方形、
平形四邊形等

數學在這裡！三點

數學也在這裡！三隻

想想看！
數學還可以在哪裡？

單元五

數學學習

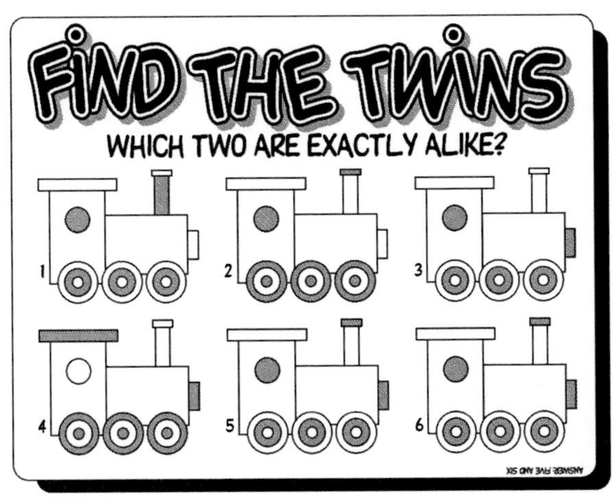
FIND THE TWINS
WHICH TWO ARE EXACTLY ALIKE?
1
2
3
4
5
6
ANSWER: FIVE AND SIX

張景媛

九年一貫數學學習的內涵有哪些？在總綱中列有「數與計算」、「代數」、「圖形與空間」及「統計與機率」四大項。不過國小低年級的內容大多為「數與計算」。

談到數學，大家很容易聯想到整數、小數、分數等數字及其加減乘除的運算。整數及其運算在生活中隨處可見，低年級小朋友也以整數的計算為主要學習內容。

例如：3 ＋ 8 ＝ 11；15 － 7 ＝ 8

小數與分數則比較常見於處理一些連續量的情況，例如：我們的體重是 50.5 公斤；身高是 125.6 公分；路長是 3.25 公里等。分數的運用大多用於描述比例關係，例如：一個蛋糕分給五人吃，每人可以吃五分之一的蛋糕；在自然科學領域中，科學家可能發現全球有八分之一的鳥類瀕臨絕種。

整數、小數、分數等數概念以及它們的加減乘除運算占小學數學課程約三分之二的份量，而且概念與運算能力間的累積性很強，如果沒學會或熟練前面的概念或方法，到了後面就很難真正弄懂。基於這個理由，本書的數學領域主要集中在數概念與計算能力的指導。

本書希望設計出與生活相關的各式各類的活動，讓教師能有「具體的方法與策略」指導家長，請家長在家協助孩子熟練各種遊戲或活動，經由「自然的練習」，提升學生對數概念的了解，也增進學生計算的能力與速度。

遊戲真好玩

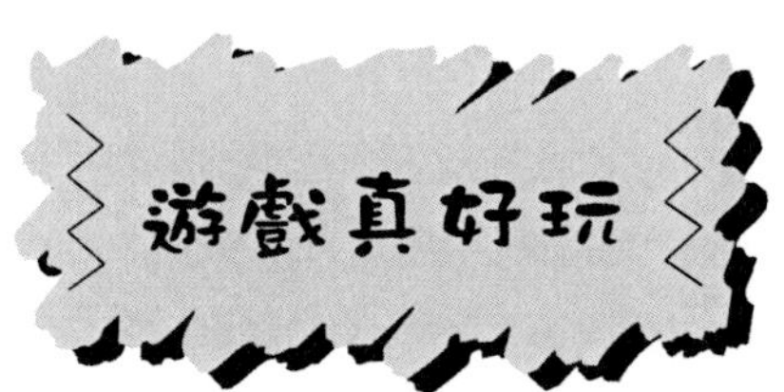

找找看！這裡有幾種東西？

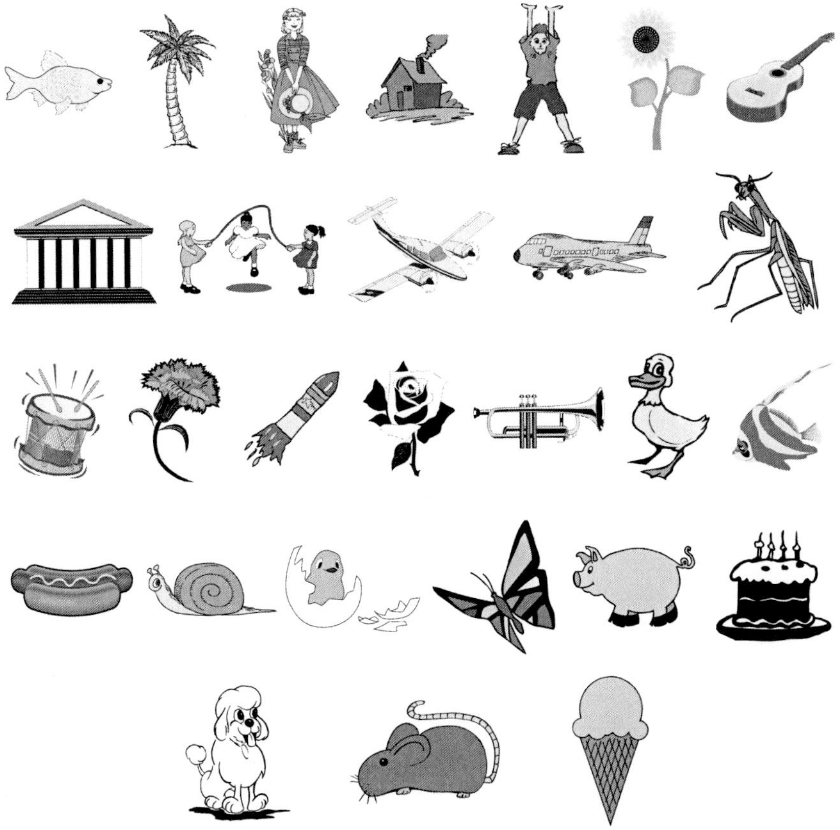

為什麼你覺得這些東西是同一類呢？
你的理由很棒喔！

看到「遊戲真好玩」，是否會產生一些疑惑？我是要教孩子學習數學，怎麼會是玩遊戲呢？沒有錯，既然數學就在我們的生活中，我們就可以像過生活一樣很自然的學習數學，甚至玩數學遊戲啦！

從理論上來說，「概念」的學習應該從生活事件中自然的學習到，例如，什麼是「雲」？「雲」是怎麼形成的？如果我們從自然科學的知識或定義來說明這個概念，孩子一定聽不懂；但如果我們觀察生活中千變萬化的雲，自然會發現雲是什麼，也可以覺察到雲是怎麼形成的。

「數的概念」不容易透過講述而習得，必須透過各種自然的方式來獲得這些概念。例如：將一元、五元、十元等銅板拿出來讓孩子辨認、和孩子一起數數、請問孩子用幾個一元可以換到一個五元的銅板等。

「數學」學習除了要理解外，更需要精熟各種計算的方法。為什麼理解之後還要熟練呢？因為數學學習是有層次的，前面學過的東西，到了後面要拿出來應用；前面學過的東西如果不熟練，後面拿出來應用時會需要花許多的心力來回憶、計算，這樣的情形會影響孩子往後學習較複雜的數學問題。因此，學習數學除了要理解也要熟練。

精熟一項技能，如果只靠不斷地苦練，可能會抹煞孩子學習的動機與興趣，所以遊戲式的學習方式就是最好的練習方法。例如：單元八要讓孩子理解文字題的意義，就可以請孩子出類似的題目來考家長，孩子認為考父母是一件有趣的事，所以喜歡進行這樣的活動。家長從活動的進行中可以發現孩子理解上的問題，也可以增強孩子熟練計算的方法。

說說看！這個東西的特點是什麼？

例如：牠很高、很長、身上有點點、
是黃色的，很美麗、很乖等等。

你也試試看！說出下面東西的特徵！

哇！你可以想出這麼多特點耶！

數學學習首重概念的理解，但是小朋友的認知語言表達能力尚未發展完全，要透過語言表達來理解數概念是相當困難的事，所以提升孩子語言能力就需要想出各種方法讓孩子發揮創意，運用自己有限的語言文字來描述一件事的原委，或說出一個東西的特徵。這種活動很容易進行，既可增進孩子的觀察能力，又能提升孩子語言表達的能力。

再找一個看看

我很厲害吧！讚！讚！讚！

在做數學文字題或是計算式的結構問題時，同樣類型的題目，有時只是數字改變而已，但是孩子往往沒有覺察到這樣的情況。舉例來說：7 ＋ 8 ＝□，這樣的題目學生會計算出 15，當題目反過來問「15 是多少加多少？」，這樣的改變學生就無法理解，但是如果問「多少加多少是 15？」時孩子就會回答了。所以訓練孩子辨別的能力，讓孩子發現什麼情況是相似的，什麼情況是相反的，這對孩子理解數學是有幫助的。

老師或家長在指導孩子的時候，可以併列一些類似的題目，讓孩子去觀察這些題目之間的相似性或是相異性，鼓勵孩子說出自己的想法。例如：

「小明有 5 顆彈珠，小英有 3 顆彈珠，兩人共有幾顆彈珠？」

「大華有 4 枝鉛筆，美花有 2 枝鉛筆，兩人共有幾枝鉛筆？」

請問這兩題的意思是什麼？要用什麼方法計算？

如果題目變成下面兩題時，題目的意思是什麼？要用什麼方法計算呢？

「小明有 5 顆彈珠，小英有 3 顆彈珠，兩人共有幾顆彈珠？」

「大華有4枝鉛筆，美花有2枝鉛筆，大華比美花多幾枝鉛筆?」

像這樣的辨別訓練，教師可以請家長在家出題目給孩子練習。練習時不一定是用數學題，也可以找兩個大同小異的東西讓孩子辨識，孩子熟悉比較事情的相似與相異時，對數學文字題的敏感度也會跟著提高。

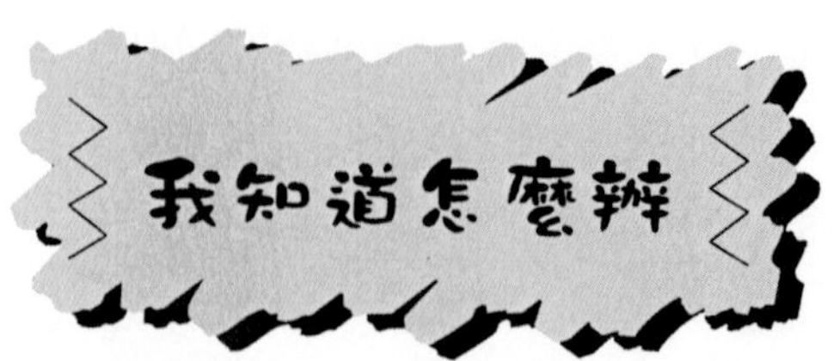

發生這樣的事，接下來會怎麼樣呢？

例如：這裡發生什麼事了？

接下來會發生哪些事呢？屋子裡的人沒有地方住、許多人拿東西給他們用、大家一起幫忙蓋房子等等。

你也想想看！這裡是什麼地方？

到這裡來玩，接下來可能發生哪些事情呢？

數學學習主要是訓練孩子的邏輯思考能力，邏輯思考能力包含許多的認知能力，例如：摘要主要概念、辨別、批判、歸納、演繹、推理等。所以訓練孩子從生活事件中思考可能的情況，這就是推理能力的培養。舉例來說摘要的練習：

「小明到小英家玩，看到小英有 5 顆彈珠，小明說你的彈珠和我的一樣多，請問小明和小英共有幾顆彈珠？」

這個題目很生活化，但是孩子知道重點在哪裡嗎？孩子會將心中的疑惑提出來問老師嗎？這些都是我們可以幫助孩子的地方。再舉一個歸納的例子：

3 ＋（7）＝ 10

9 ＋（1）＝ 10

5 ＋（5）＝ 10

8 ＋（2）＝ 10

學生發現（　）都是 10 減前面那個數。

那換一組數字呢？

3 ＋（13）＝ 16

9 ＋（7）＝ 16

5 ＋（11）＝ 16

8 ＋（8）＝ 16

學生又發現（　）也都是後面的數字減去前面的數字。

那麼要算一個比較大的數時，就可以不再是用拼湊的方式來做了。

例如：45 ＋（　）＝ 82

這是從數的計算轉換到代數思維的重要關鍵，從歸納案例到發現規律性。加法交換律、乘法交換律，中高年級之後的結合律或分配律，也都會有這樣的成分。

數學學習的方法

從前面的活動中發現，數學應該是很有趣、很生活化的事，我們可以幫助孩子愛上數學、喜歡數學。

學習數學的基本概念

一、生活中處處有數學

「教育即生活」是教育家杜威所強調的重點，中小學學生學習的教材是要能幫助他們適應社會生活，而非成為一個學術研究的專家。因此，中小學的數學都是以生活中的事物為學習的材料。

二、從遊戲中學習數學

為什麼學習數學不只要理解，還要能熟練呢？如果只是理解而不熟練，計算一道題就要花許多的時間還算不出來，這會大大降低學習者的興趣與動機。熟練數學要有方法，不斷地進行枯燥乏味的練習會引起孩子的反感，所以運用遊戲的特質來進行精熟學習是有趣又有意義的方法。

三、低年級重分類概念

培養孩子的觀察力是學習的首要任務，而分類概念的學習又是幼兒學習的基礎，透過遊戲活動讓孩子學習各式各類的分類活動，既能促進親子關係，又能培養孩子良好的學習能力，真是一舉數得的好方法。分類概念的學習有助於學生辨別事物的相似性與相異性，這在數學學習上是一個重要的概念。

四、數學要學高層思考

邏輯思考是任何領域都會運用到的能力，而數學學習更需運用邏輯思考能力中的歸納、演繹、推理思考、批判思考等方法來解決數學上的問題。因此，當孩子尚在幼兒或低年級階段時，老師和家長不應將焦點放在孩子的成績表現上，應將重點放在從生活事物中培養孩子高層思考的能力。

進行活動時的注意事項

過去師資培育機構只培養老師如何教導學生，較少教導老師如何協助家長在家引導孩子學習語文或數學，因為如此，許多家長就算有心幫助孩子，卻不得其法，有時甚至產生反效果。二十一世紀的教育已經進入一個新的思維與環境，學校教育有必要讓老師協助指導家長在家如何為孩子打好基礎。

也許有人說：「不要讓孩子輸在起跑點上。」因為這句話，家長們就帶孩子參加許多的才藝班。這樣做的效果如何呢？有利有弊。為了確保家長為孩子做的都是有利於孩子學習的事，本書提供老師和家長一些協助孩子學習的方法，讓我們的下一代都能在優質的環境中成長與茁壯。但是使用方法是有技巧的，如果使用不當，好東西也會對孩子造成傷害。以下提供幾點建議，請教師和家長參考。

一、在生活中自然的進行討論與對話

因為熟悉的生活情境能讓孩子有所感覺，有所體驗，因此能幫助孩子理解問題，思考問題。

二、快樂學習是輔導孩子的主要條件

當孩子無法表達自己的想法時，家長不要指責或強迫孩子學習，這樣就失去將數學遊戲化的意義了。遊戲本來就是要一玩再玩，成人不應期待孩子一次就玩完遊戲。

三、成人要引導孩子說出心中的想法

教師或家長切忌不斷地講解給孩子聽，因為語言表達尚未成熟的孩子很難聽懂成人的語言。讓孩子說出心中的想法，不論想法是對或是錯，都可以提供成人了解孩子的問題所在，所以不批評孩子的想法是父母與老師要注意的事。覺察到孩子想法上的問題時，可用引導的方式幫孩子澄清問題。

四、多帶孩子接觸生活中的萬事萬物

到動物園看動物並數猴子、到美術館看作品並說說心中的感覺、走在路上發現馬路上的樹有什麼不同，這些都能增進孩子課堂學習的能力。

單元六

整數數概念

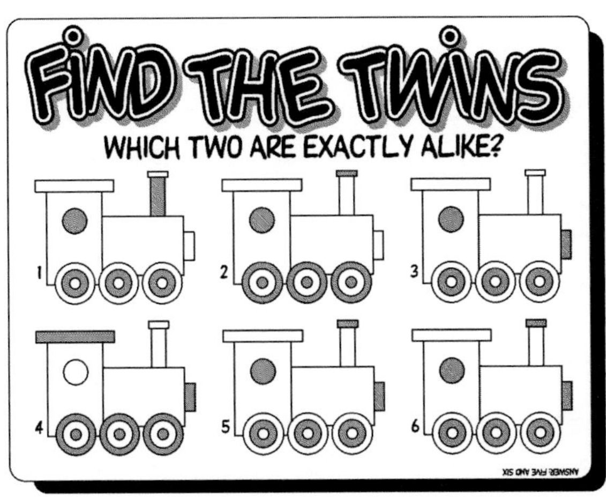
FIND THE TWINS
WHICH TWO ARE EXACTLY ALIKE?
1
2
3
4
5
6
ANSWER: FIVE AND SIX

吳昭容

個案：小宏

小宏是個小一下的男生，剛入學時，級任老師就已經發現小宏在學科的學習表現上遠低於其他小朋友。雖已念過兩年的幼稚園，但是連 1 ＋ 1 ＝ 2 都不會，即使到了一年級上學期結束，仍然沒認識幾個字，自己的名字也寫得歪歪斜斜的，國語、數學的成績多為個位數。但在其他行為表現上顯示小宏的智力正常。

小宏的父母均是大學畢業，同時也是正常上下班的上班族，在下班後有時間可照顧小孩，在孩子的課業上應該有足夠的能力提供幫助。小宏下午放學後由同住的祖母照顧，並沒有另外去上安親班，與祖母的關係很親近。晚上媽媽會陪小宏寫功課，但小宏在家喜歡看電視，離不開電視，也很喜歡玩電腦遊戲，如果姊姊在玩，他就無法專心寫功課。

在學校時，小宏不會主動與人講話或玩遊戲，但是會在旁邊看小朋友玩。如果遇到不會寫的字或功課，也不會主動問旁邊的同學，是一個較內向、不主動與人攀談的小孩，但也沒有嚴重到受班上同學排擠的情況。

一下時，有一回課堂上老師拿出教具硬幣問小宏，小宏將 10 塊錢說成 100 元，1 塊錢也是 100 元，之後請小宏拿出 21 元，小宏沒有辦法拿出，而 14 元小宏則拿成⑩⑩⑩①，⑩⑩⑩①①①①則說成是 7，不過⑩⑩⑩⑩則會點數 10、20、30、40，老師接著問「40 是幾個 10？」小宏卻無法回答。

綜合問題診斷

從小宏剛入學時不會 1 ＋ 1 ＝ 2，以及一下時無法辨認錢幣、無法正確拿出二位數的錢數，這樣的表現相對於同年齡層的孩子，的確顯得較差。一般小一的學童已經能認識一元、五元、十元等硬幣，甚至五十元或百元的硬幣、紙鈔，而且也可以處理一些簡單的換算，例如，知道一個十元可以換成十個一元。

我們可以從底下幾個方向分析小宏的整數數概念的問題。

➽理解整數數詞的意義嗎？

有些孩子可以從一唱數到一百，但這些數詞只是一些聲音，就跟 A、B、C、D……一樣，沒有任何數量的意義。下頁的問題分析 6-1 提供了檢驗孩子能否理解整數數詞之意義的方法。

➽具有數數的能力嗎？

數數能力是整數數概念的基本技能，會和一對一對應、數量概念，以及必要的專注力與記憶力有關。

➽認識數字符號嗎？

數字是記錄在紙上的一種符號，孩子能否把它與之前生活中聽到的數詞配對好，是一個需要檢驗的面向。

➽具有大單位或是位值概念嗎？

當數量大到某個程度，例如 87，如果還是把 87 視為 87 個 1 的累計，就會很繁瑣且容易犯錯，此時會需要以一些大於 1 的新單位來處理數量。

➽具有適當的專注力與記憶力嗎？

對數量進行點數以及運算，需要能記得哪些數過了？哪些還沒數？哪些部分已經運算了？而哪些還沒有？

問題分析 6-1：基本數數能力的問題

整數數概念最基本的能力展現在數數上，要了解小宏的數學學習問題，有必要檢視他的數數能力。我們首先用一本童書的圖畫檢驗小宏基本的數數能力，指著圖片上的七隻猴子，問「這裡有幾隻猴子？」開始觀察小宏的數數能力，主要的重點在一對一對應、能否回答「有幾個」的問題、點數的策略、有無大單位的出現、唱數的起點、逆數的能力。

策略 6-1-1　觀察與示範

在確認孩子基本的數數能力時，必須提供一些物品（例如：糖果、遊戲卡、積木等），詢問孩子「這兒有多少 XX？」在數數的情境下，數量一般都不會太大，極少會提供超過一百個物品要求點數的。老師觀察時有底下幾個要點，如果孩子有問題，主要是以示範讓孩子學習這些基本的能力。

1. 一對一對應：觀察孩子是否可以點數一個物品，搭配一個數詞（例如口語的ㄨㄞ），而不會點一個物品卻唸了兩個數詞，或是點了好幾個物品才唸一個數詞。
2. 能回答「有 X 個」：如果孩子只是點數「1、2、3、4、5、6」，老師應該追問一句「全部有多少個？」因為有些孩子並不清楚最後一個點數的數詞就代表全部的個數，此時，老師就可以示範「剛剛你數了 1、2、3、4、5、6，全部有 6 個。」
3. 點數的策略：當物品不規則散置桌上時，孩子有沒有一些策略或是足夠的記憶力，以確保不會漏數或重複計數了物品。例如：有些孩子在個數稍多的時候，會把物品排列整齊，然後循著一定的方向點數。有些孩子雖然沒有重新安排物品，但可以看得出來他很小心地以一個規律的方式點數，以便避開已經數過的且不會漏數。但也有孩子沒有重排物品，點數時也沒有按照一定的規律，而是仰仗他的專注力與記憶力，也的確可以記得哪些是數過的、哪些是沒數過的。老師可以留意，當數量大到什麼程度時，孩子就可能會亂掉，此時他是否會自行產生有效的因應策略。這個過程中老師可以了解孩子有無策略，或是他的專注力與記憶力的大概狀態。

4. 有無大單位的出現：當個數超過十幾二十個，以大單位搭配特殊數列的唱數是一種精簡快速的方式，同時也顯現孩子能以異於 1 的另一種單位來處理數量。例如，兩個一數搭配「二、四、六、八……」，或是五個一數搭配「五、十、十五、二十……」，抑或數量更大時，先分好十個一堆，搭配「十、二十、三十……」。

5. 唱數可以從任一起點開始：孩子的唱數，初期的時候就跟ㄅ、ㄆ、ㄇ，或A、B、C一樣，非得從頭開始，從中間開始就不會。老師可以當著孩子的面點數五個物品「一、二、三、四、五，這裡有五個 XX，這邊又有這幾個，全部有幾個？」觀察孩子是必須把剛剛的那五個又重頭數一遍才能接著數外加的那幾個，還是可以「五、六、七……」能夠從 5 開始。前一種我們稱做「全部計數」（counting all），後一種稱做「往上數」（counting up），使用後者是數數能力發展得比較好的孩子。

6. 逆數能力：從前一點可以發現，數數能力同時也是加法運算的基礎，而逆數能力則是減法運算的基礎，老師可以要求孩子從 20 逆數到 1，觀察其逆數的熟練度。

問題分析 6-2：辨認數字的能力

口語的數詞通常在生活經驗中會比較早出現，學齡前的孩子可能就很熟悉唱數「一、ㄦˋ、ㄙㄢ、……」，數字符號的出現則比較晚，所以孩子在認讀與書寫數字上可能比唱數來得差，而有些孩子表現出數量概念上的問題，**有可能與無法正確辨認數字的符號有關**。

策略 6-2-1　觀察

為了確定孩子無法正確處理數概念，是否是因為不認得數字符號，老師與家長宜加以觀察確認。老師唸出 0 － 9 的數詞，讓孩子寫寫，是個簡便的方式，但不能寫並不代表就不能辨認，因為前者還多涉及了握筆與手眼協調的能力，有些孩子有能力辨認數字，但書寫上會因為動作技能發展較慢而有困難，此時讓孩子認讀數字 0 － 9 的符號，會是較為恰當的作法。

由於阿拉伯數字僅有 0 － 9 十個符號，一般智力的孩子即使入學前沒有學過，也應該可以在入學一、兩個月內習得，老師檢驗此一問題通常只是在排除這樣的可能性而已，對於小宏的檢驗也是如此。我們指著圖片上的 7 隻猴子，問「這裡有幾隻猴子？」小宏正確點數，說有 7 隻，老師請他寫下來，他可以正確寫出 7。「樹上有 7 隻猴子，又跑來了 5 隻，現在總共是多少隻？」在搭配有圖畫的情況下，小宏可以正確點數出 12 隻，並可以把 12 寫下來。接著，「請你用畫圈圈的方式表示，這邊有多少隻兔子？」小宏也可以正確地畫 3 個圈代表 3 隻兔子。我們判斷小宏至少有 20 以內的數數與書寫數字的能力。

如果孩子有辨認數字符號的問題，而且經過一段時間的教學仍然無法辨認 0－9 這十個符號，則可能有其他問題，例如智力或學習障礙的問題，其協助方式不在本書討論的範圍。

問題分析 6-3：具有基本數數能力，但沒有大單位的概念

先前小宏無法以教具硬幣表示 21 元，而小宏會把 14 元拿成⑩⑩⑩①，可能是以四個物品代表 4，顯示他不知道或沒注意到如何處理 14 中的十；⑩⑩⑩①①①①則說成是 7，也是不論錢幣的大小，凡是一物品就代表 1。我們認為小宏的問題在於欠缺大單位的概念，也就是了解一個物品（例如一個⑩元，或是一個橘色積木）可以代表不是 1 的數量。大單位可以是任何大於 1 的數量，例如兩個一數、五個一數，但由於阿拉伯記數系統是十進位，因此比較重要的大單位是十、百、千等單位，所以我們從單位 10 開始。

策略 6-3-1　錢幣的換算

一個十元硬幣可以換成十個一元硬幣，所以，錢幣提供了最自然也最常見的單位換算的情境。一般小一的學童可以認識一元、五元、十元等硬幣，而且也知道一個十元可以換成十個一元，這部分的轉換小宏明顯地有問題。補救教學時，首先教會小宏認識⑩元硬幣，讓他會將⑩元換成①①①①①①①①①①。有類似問題的孩子，老師或家長可以提供練習 6-3-1.1 和練習 6-3-1.2 的遊戲給孩子玩。

初期只要提供十元和一元，不必提供五元硬幣，雖然生活中我們經常使用到五元，但這個活動的重點不在認識錢幣，而是藉由錢幣認識一個異於單位 1 的新單位，十進系統比較重要的當然是單位 10 的認識。其後增加的新單位應以單位 100 為優先。

【練習 6-3-1.1】錢幣的換算——拿出剛剛好的錢

材　料：一些孩子喜歡的小玩具、價格標籤、裝有十元和一元硬幣（可以用教具硬幣取代真硬幣）各九個的錢包。因為單位五不是十進系統中關鍵的單位，初期時材料中不放入五元硬幣，可以減少單位轉換的難度。

玩法一：老師或家長當老闆，小朋友帶著前述的錢幣，小朋友要買某個小玩具，老闆口述價錢「這個玩具小汽車要二十六元，我沒有錢找你哦！你得拿剛剛好的錢給我哦！」因為是口述價錢，所以觀察的是數詞的理解狀態。

玩法二：老闆和顧客的角色也可以互換，讓孩子報出價格，老師或家長給錢時有時可以故意弄錯，看孩子能否發現。多一或少一的錯誤通常與細心程度有關，比較不是概念上的錯誤，所以不算是嚴重的問題。相對地，較有學習意義的錯誤，是大小單位的問題，例如：老闆說七元，顧客卻拿了三個十元、四個一元，合計七個硬幣。又如：老闆說三十五元，顧客卻拿了三個一元，和五個十元。

玩法三：老師或家長當老闆，老闆以價目標籤呈現價格「這個玩具要這麼多錢，你要拿剛剛好的錢給我哦！」因為是以數字呈現，所以觀察的是數字符號的理解狀態，30 或 50 這類有 0 的數字，尤其值得觀察孩子能否掌握。

玩法四：班上孩子兩人一組，分飾老闆和顧客。在分組上宜依能力作一些安排，避免兩個孩子都是無法以錢幣表達數量；只要有一個孩子是清楚的，另一個孩子在遊戲中就可以慢慢學習到十元硬幣所代表的數量。

【練習 6-3-1.2】錢幣的換算——換錢

材　料：百元紙鈔數張、十元十數個，與一元硬幣幾十個（可用教具紙鈔、硬幣）

玩法一：一組五、六位學生，其中一人扮演遊樂場的老闆，其他是顧客。遊樂場裡的遊樂器都只能投十元硬幣，顧客得把帶來的錢先換成十元硬幣。玩完了之後，不想帶一堆重重的硬幣回家，想把硬幣盡量換成紙鈔。老師發給顧客一堆百元、十元、一元的道具錢，遊樂場老闆則以十元硬幣為主。每位顧客跟老闆換錢時，其他的小朋友要幫忙確認有沒有換錯。

玩法二：爸爸每天回家後就會把零錢從口袋裡掏出來，放在鐵盒中，一段時間後就存了許多零錢，這時候惠玲就會陪爸爸到郵局把零錢存進去。郵局都是用點幣機點數的，惠玲可不想被郵局占便宜，所以她想先幫爸爸點數過。請把爸爸的錢幣點數清楚，並寫下來。

策略 6-3-2　兩單位的合併點算

認識了單位 10 和單位 1 的關係後，就可以把兩個單位放在一起讓孩子合併點算，例如提供⑩①①①，一般孩子可以「十、十一、十二、十三」地從十開始往上數，如前文【策略 6-1-1】第 5 點所言地往上加數，但小宏無法從十開始，他的唱數都得從一開始，所以，老師教他⑩就是在⑩上面點數十次「一、二、三……十」，接著再點著①往上數十一，小宏學會這個技巧，可以正確運用來點數十一到十九。接著請小宏拿 3 元，小宏拿成⑩①①，教學者用上述點數技巧說明這是 12。再請小宏拿 4 元，這次小宏在十元和一元的硬幣堆中，會刻意避開十元的，拿了四個①。

接著老師拿出⑩⑩，問「這裡有多少錢？」小宏指著第一個⑩數 1、2、3、4、5、6、7、8、9、10，再指著第二個⑩數 1、2、3、4、5、6、7、8、9、10，然後說是十元。所以老師將兩個⑩元對換成排成一排的二十個①元，第十和第十一個①中間有較大的空隙，「這個十元可以換成十個一元，這個十元也一樣，換完了全部有多少個一元呢？我們數數看。」老師在數到十的時候，間斷了一下，以誇張的聲音與動作點數十一，之後又恢復一般的聲調，一直數到二十。

兩單位時應該處理的情況包括，多個單位 1 而無單位 10（如十七個①元）、多個單位 10 而無單位 1（如四個⑩）、多個單位 1 和多個單位 10（如三個⑩和七個①，或三個⑩和十七個①）。此處可以搭配練習 6-3-2。

【練習 6-3-2】兩單位的合併點算

說明：這裡有多少錢，數數看，把數字填在（　　　）裡！

(1) ① ① ① ① ① ① ① ① ① ① ① ① ① ①

（　　）

(2) ⑩ ⑩ ⑩ ⑩ ⑩

（　　）

(3) ⑩ ⑩ ⑩ ⑩ ⑩ ⑩ ⑩ ⑩ ⑩ ⑩

（　　）

(4) ⑩ ⑩ ⑩ ⑩　① ① ① ① ① ①

（　　）

(5) ⑩ ⑩ ⑩ ⑩ ⑩ ⑩　① ①

（　　）

(6) ⑩ ⑩　① ① ① ① ① ① ① ① ① ① ① ①

（　　）

(7) ⑩ ⑩ ⑩ ⑩ ⑩　① ① ① ① ① ① ① ① ① ① ① ① ① ① ①

（　　）

策略 6-3-3　多單位合併點算

三單位合併點算時的情境比較複雜，許多學生會搞不清楚數到什麼單位了，比方：三個[100]、四個⑩、三個①，就容易出現數到忘了換單位的情況，例如：「一百、兩百、三百，三百一十、三百二十、三百三十、三百四十、三百五十、三百六十、三百七十，總共三百七十。」讓孩子在換單位點算前，把之前數到的數字寫下來，再想一下該以什麼單位往上累加，是一種策略，例如點算「一百、兩百、三百」後先把 300 記下來，然後再想一下接下來數的是什麼單位。

三單位合併點數時沒有單位 10 的情況常會造成錯誤，例如：三個[100]和三個①，就可能會點算成「一百、兩百、三百，三百一十、三百二十、三百三十，總共三百三十。」所以，可多多提供這樣的情境讓孩子經驗。此處可搭配練習 6-3-3。

【練習 6-3-3】多單位的合併點算

說明：這裡有多少錢，數數看，把數字填在（　　　）裡！

(1) [100] [100] ⑩ ⑩ ⑩ ① ① ① ① ①

（　　　）

(2) [100] [100] [100] [100] ① ① ① ① ①

（　　　）

(3) [100] [100] ⑩ ⑩ ⑩ ⑩ ⑩ ⑩

（　　　）

(4) [100] [100] [100] ⑩ ⑩ ⑩ ① ① ① ① ① ① ① ① ① ① ① ①

（　　　）

(5) [100] ⑩ ⑩ ⑩ ⑩ ⑩ ⑩ ⑩ ⑩ ⑩ ⑩ ① ① ①

（　　　）

(6) [100] [100] [100] [100] ① ① ① ① ① ① ① ① ① ① ①

（　　　）

(7) [100] [100] ⑩ ⑩ ⑩ ⑩ ⑩ ⑩ ⑩ ⑩ ⑩ ⑩ ⑩ ⑩ ⑩ ⑩

（　　　）

問題分析 6-4：欠缺位值概念

和問題 6-3 欠缺大單位概念密切相關的問題是，無法掌握阿拉伯數字是一種位值系統，也就是數字符號所在的相對位置會代表不同的大小，例如：457 和 754 不一樣，因為三個符號所在的相對位置不同。而且孩子必須更精準地了解，最右邊的數字代表單位 1 的個數，而右邊數來第二個數字則代表單位 10 的個數，右邊數來第三個位置代表單位 100 的個數，依此類推。位值概念主要表現在數字與具體物個數的轉換當中，例如用數學積木表示 203，或是看著數學積木的圖示，正確地寫出 203。

我們沒有對小宏做相關的測試，因為從小宏無法正確地拿出 14 元的錢幣，可以推論他應該無法了解更為複雜的位值概念。

策略 6-4-1　數字與具體物之間的轉換

位值概念除了表現在數字與具體物個數的轉換外，有時也可以反應在數字大小的比較，例如比較 457 和 754，哪個比較大？或是位名的認識上，例如可以指出 4 是百位數、5 是十位數等。掌握位值概念的人的確可以有後二者的表現，但有後二者表現的孩子不一定具有位值概念，例如：比較兩數大小的作業，有些老師會指導學生先比位數多寡，多的就是比較大，位數相同時就從左到右比較數字。例如 457 和 754 的比較，直接比 4 和 7，7 較大，所以 754 比 457 大。純粹使用這樣策略的孩子，不一定真正懂得背後的位值概念。至於位名的指認，也可能僅是透過背誦。

問題分析 6-3 的相關策略，一樣也可以協助解決問題 6-4，因為前文主要提供的是以錢幣、紙鈔為主要的具體物，延續同樣的具體物，可以搭配【練習 **6-4-1**】數字與具體物之間的轉換——夠買什麼東西？

另外，發展數概念的活動可以也應該改變使用的具體物，除了錢幣之外，可以使用數學積木、串珠（如一顆顆、十個一串……）、算盤等，因為不同的具體物會豐富孩子數概念的意義。

【練習 6-4-1】數字與具體物之間的轉換

材　料：價目標籤、錢數標籤，和紙鈔、硬幣

玩法一：紙鈔硬幣與價目標籤上的數字大小比較。給小朋友一些教具錢，再給一個價目標籤，老師宣稱某個物品價錢是這樣，那小朋友的錢夠不夠買這個物品，老師可以追問學生理由。例如：教具錢的總數 305，價目標籤的數字是 300。學生點數錢數後說夠，老師追問為什麼，學生應該可以拿出教具錢的 300 元，指出這樣就夠了，還剩一些零錢。學過＜、＞符號的學生，老師可以要求他們將數字以＜或＞的符號記錄下來，例如 305 ＞ 300。

玩法二：兩個數字的大小比較。給小朋友一張錢數標籤，上面的數字代表他擁有的錢數，再提供一個價目標籤，以下與玩法一同。

兩個數字的關係組合可以有很多種變化，底下試舉一些學生比較會產生問題的組合。

(1) 28 與 82；64 與 46

(2) 357 與 537；412 與 214

(3) 109 與 901；305 與 503

(4) 738 與 768；249 與 279

(5) 56 與 60；73 與 70

(6) 199 與 311；287 與 401

單元七

基本運算

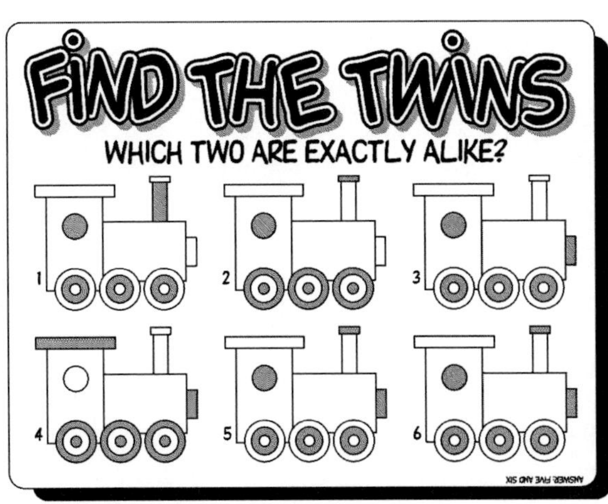
FIND THE TWINS
WHICH TWO ARE EXACTLY ALIKE?
1
2
3
4
5
6
ANSWER: FIVE AND SIX

吳信輝
吳昭容

個案一：舜舜

舜舜是就讀於非都會區的國小二年級小男生，上面有一個三年級的哥哥，父母親都是勞工，平常對於舜舜的課業無法給與較多的指導。舜舜在學校的數學成績不是很好，口語表達能力尚可，文字題的理解也尚可，對加法運算及進位概念沒有問題。但是對於需要運用減法的計算題或文字題常常會有計算錯誤的情形發生，特別是當計算題或文字題中的算式有小的數字減去大的數字的時候，舜舜常常是直接用大的數字減去小的數字。例如：73 － 38 ＝？；舜舜的答案是 45。

某一天，老師在黑板上出了這樣的文字題：「小玉帶了 90 元上街，買了一條口香糖後，還剩下 75 元，請問口香糖要多少元？」老師先請舜舜將題目唸一遍，舜舜照老師的意思把題目唸了一遍。老師這樣做是為了確認舜舜在認字或理解題目上有沒有問題。之後，舜舜在紙上寫下了（90 － 75）的直式，並且毫無困難地寫下 25 的答案。為了確認舜舜是不是只是一時的計算錯誤，老師請舜舜要不要再看看有沒有算錯，舜舜還是說沒有算錯，答案是 25。因此，老師又出了一些類似的計算題及文字題請舜舜做，這些題目有些有數字小的減去數字大的情形，有些沒有。經過一段時間後，在位數上有數字小的減去數字大的題目中，舜舜的答案仍然出現了以數字大的減去數字小的現象；而位數上沒有數字小的減去數字大的題目中，舜舜都可以正確地算出答案。

綜合問題診斷

低年級學童在學習減法的過程中，通常是從具體或 10 以內的減法開始。當學習 10 以上的減法，必然會遇到在位數上有數字小的減去數字大的情形。因此，低年級學童對於如何以小數字減大數字必是充滿困惑。我們可以從下面的方向分析舜舜的問題。

➽「數概念」或「減法基本概念」

舜舜在減法計算題或文字題上，就出現了上述的困惑，以至於他乾脆拿數字大的減去數字小的，答案自然不對。這些錯誤似乎不是出現在所有的減法計算或文字題上，反倒是常出現在個別的位數上有數字小的減去數字大的情形，不會出現在個別的位數上有數字大的減去數字小的計算題或文字題上。因此，舜舜的主要困難可能是在「數概念」或「減法的基本概念」。

➽「借位」

除了可能是「數概念」理解上有困難外，舜舜也有可能是因缺乏「借位」的概念，才會計算錯誤。

問題分析 7-1：「數概念」及「減法基本概念」問題

「小玉帶了 90 元上街，買了一條口香糖後，還剩下 75 元，請問口香糖要多少元？」

舜舜在解答的過程中，對題目的閱讀及理解上沒有問題。他會直接將 90 － 75 寫成直式並進行計算，所得到的答案是 25，從答案中顯示舜舜可能對於**數概念**或**減法基本概念**的理解有待加強。

數概念理解

為了確認舜舜對於數概念理解有沒有問題，我們可以從「辨認數字大小」、「數數」、「減法算式的判斷」等策略了解舜舜對數概念的理解。對數概念理解後，老師可以先讓舜舜做一些簡單的計算。從這些減法運算中，可以確認他對於個別位數大小相減會不會產生誤解。假如發生直接以數字大的減去數字小的情形（例如 10 － 3 中，直接以 3 減去 0；21 － 14 中，直接以 4 減去 1），可以回到辨認數字大小、數數等策略，幫助學童了解減法的基本概念。若學童不是很了解，則運用實物（手指或繪畫方式表示）來幫助他們了解。

策略 7-1-1　辨認數字（量）大小

既然舜舜在文字理解上沒有問題，大多數的問題出在基本運算上，老師及家長可以從加強舜舜對於數字（量）大小辨認上著手。老師及家長可以給與一些辨認數字關係大小的題目當作練習題，請學童指出哪一個數字比較大或哪一個數字比較小。這些問題可以以生活化的實物方式呈現，幫助學童了解數大小關係的概念。同時詢問學童數字大的可不可以減數字小的，或是數字小的可不可以減數字大的問題，假如不可以的話，問學童為什麼不可以。可參見練習 **7-1-1**。除了 **7-1-1** 的練習外，老師或家長可以多出一些類似的題目，讓學童可以增加練習的機會，並了解學童對於數字（量）大小的理解有沒有問題。

【練習 7-1-1】辨認數字（量）大小(1)

說明：老師或家長請學童說出哪一個數字（量）比較大或哪一個數字（量）比較小，當學童說出後，問學童為什麼？

1. 5 與 8 哪一個數字比較大，為什麼？

2. 11 與 7 哪一個數字比較小，為什麼？

3. 20 與 16 哪一個數字比較大，為什麼？

4. 39 與 52 哪一個數字比較小，為什麼？

5. 小明有 25 元，小華有 19 元，哪一個人的錢比較多？

6. 哥哥有 13 張貼紙，妹妹有 21 張貼紙，請問他們哪一個人的貼紙比較少？

策略 7-1-2　數數

在剛開始學習減法時，許多兒童常會使用數數的方式來解決一些減法問題，特別是 10 以內的運算，因為對他們而言，這類的題目是很容易用十隻手指來具體操作的。一般將數數分為逆數（counting down，或稱為往下數）與順數（counting up，或稱為往上數）。逆數就是由數字大的往下數或往下數到數字小的策略（例如，8、7、6、5、4；在減法運算中 7 － 4，學童會說 7、6、5、4，那還剩下 3，答案是 3）；順數就是由數字小的往上數或往上數到數字大的策略（例如，2、3、4、5、6；在減法運算中 7 － 4，學童會從 5 唸起，6、7，答案是 3）。老師及家長可以藉由數數的練習，加強兒童對於數字大小關係及數列概念的學習。除了讓學童以逐漸減 1 或加 1 的方式進行數數外，老師或家長也可要求學童每隔幾個數往下數或往上數，例如，每隔 3 往上數 3、6、9、12；每隔 2 往下數 32、30、28、26（見練習 7-1-2）。

【練習 7-1-2】數數(1)

說明：請數數看或填入適當的數字。

1. 請從 15 往下數到 7

2. 請填入適當的數字　74、(　)、72、71、(　)、(　)、(　)、67、66

3. 請從 3 往上數到 11

4. 請填入適當的數字　86、(　)、88、(　)、(　)、(　)、92、93

5. 請從 18 往上數到 32

6. 請填入適當的數字　56、55、(　)、53、(　)、(　)、50、49

7. 請從 29 往下數到 14

8. 請填入適當的數字　42、43、(　)、45、(　)、(　)、48、49

9. 請從 18 每隔 4 往上數到 42

10. 請填入適當的數字　65、61、(　)、53、(　)、(　)、41、37

11. 請從 98 每隔 5 往下數到 68

12. 請填入適當的數字　24、30、(　)、42、(　)、(　)、60、66

策略 7-1-3　減法算式判斷

老師及家長可以從單位數減去單位數的計算式，到多位數減去單位數的計算式，再到多位數減去多位數的計算式，讓學童說出這些算式正不正確。假如學童對於數字小的減去數字大的算式認為合理，請學童說出為什麼合理。經由這些算式的判斷，可以了解學童對於減法基本概念是否理解（見練習 7-1-3）。

【練習 7-1-3】減法算式判斷

說明：請看下列各練習題的運算式正不正確。

練習一

6 − 9 ＝（ 3 ）這樣的算式正不正確？為什麼？

7 − 2 ＝（ 5 ）這樣的算式正不正確？為什麼？

9 − 3 ＝（ 6 ）這樣的算式正不正確？為什麼？

4 − 6 ＝（ 2 ）這樣的算式正不正確？為什麼？

練習二

11 − 4 ＝（ 13 ）這樣的算式正不正確？為什麼？

29 − 6 ＝（ 23 ）這樣的算式正不正確？為什麼？

$$\begin{array}{r} 16 \\ -\ 4 \\ \hline 12 \end{array}$$

這樣的算式正不正確？為什麼？

$$\begin{array}{r} 23 \\ -\ 5 \\ \hline 22 \end{array}$$

這樣的算式正不正確？為什麼？

練習三

21 − 13 ＝（ 12 ）這樣的算式正不正確？為什麼？

68 − 35 ＝（ 33 ）這樣的算式正不正確？為什麼？

$$\begin{array}{r} 63 \\ -\ 48 \\ \hline 25 \end{array}$$

這樣的算式正不正確？為什麼？

$$\begin{array}{r} 76 \\ -\ 52 \\ \hline 24 \end{array}$$

這樣的算式正不正確？為什麼？

問題分析 7-2：「借位概念」練習

「小玉帶了 90 元上街，買了一條口香糖後，還剩下 75 元，請問口香糖要多少元？」

舜舜在解答的過程中，對題目的閱讀及理解上沒有問題。他會直接將 90 － 75 寫成直式並進行計算，他所得到的答案是 25，從答案中顯示舜舜的借位概念也可能有待加強。

借位概念介紹

以舜舜的例子來說，他不知道在位數上遇到數字小的減去數字大的情形下要向左邊的位數借位。借位概念的基礎在於減法的基礎概念，因此老師及家長可以從辨認數字（量）大小關係及數數策略，加強學童對於減法基本概念的理解。之後，再藉由算式的轉換，讓學童熟悉減法的書寫方式。同時也藉由位值之間關係的學習及數字的分解與合成，逐步協助學童學習借位的概念。

策略 7-2-1　辨認數字（量）大小

老師及家長可以給與一些辨認數字關係大小的題目當作練習題，請學童指出哪一個數字比較大或哪一個數字比較小。這些問題可以以生活化的實物方式呈現，幫助學童了解數大小關係的概念。同時詢問數字大的可不可以減數字小的，或是數字小的可不可以減數字大的問題，假如不可以的話，問學童為什麼不可以（見練習 7-2-1）。

【練習 7-2-1】辨認數字（量）大小(2)

說明：老師或家長請學童說出哪一個數字（量）比較大或哪一個數字（量）比較小，當學童說出後，問學童為什麼？

1. 16 與 22 哪一個數字比較大，為什麼？

2. 34 與 19 哪一個數字比較小，為什麼？

3. 78 與 59 哪一個數字比較大，為什麼？

4. 27 與 43 哪一個數字比較小，為什麼？

*5.*姊姊有 84 元，妹妹有 63 元，哪一個人的錢比較多？

*6.*哥哥有 21 顆彈珠，弟弟有 55 顆彈珠，請問他們哪一個人的彈珠比較少？

除了上述練習外，老師或家長可以多出一些類似的題目，讓學童可以增加練習的機會，並了解學童對於數字（量）大小的理解有沒有問題。

策略 7-2-2　數數

數數通常是許多兒童用來解決一些減法問題，特別是 10 以內的運算的方法，因為對他們而言，這類的題目是很容易用十隻手指來具體操作的。

除了讓學童以逐漸減 1 或加 1 的方式進行數數外，老師或家長也可要求學童每隔幾個數往下數或往上數，例如，32、38、44、50、56。在數數的過程中，學童通常也必須理解數字前後的關係，也就是數序。所以，在數數練習的同時，老師及家長可以讓學童練習數序，以確認學童理解數與數之間的關係，避免學童在數數的過程中發生如下的情形：從 12 往上數到 19，學童就從 12 往上數、13、15、16、18、19（見練習 7-2-2）。

【練習 7-2-2】數數(2)

說明：請數數看或填入適當的數字。

1. 請從 34 往下數到 17

2. 請填入適當的數字 44、（　）、50、53、（　）、（　）、（　）、65、68

3. 請從 3 往上數到 11

4. 請填入適當的數字 78、（　）、70、66、（　）、（　）、（　）、50、46

5. 請從 23 每隔 7 往上數到 65

6. 請從 94 每隔 6 往下數到 64

策略 7-2-3　算式轉換

算式轉換練習也就是將橫式算式改寫成直式，將直式算式改寫成橫式，或將文字題改寫成算式。練習的過程中，可以確認學童是否知道直式的書寫必須靠右對齊。假如學童在書寫直式時，沒有注意到要靠右對齊，老師及家長可以指導或提醒學童這個原則。此外，老師及家長可以請學童將直式中有數字小的減去數字大的情形圈起來。算式轉換練習主要的目的在於讓學童熟悉數學的表示方式，理解數字大小關係，同時也是讓學童發覺到在個別位數中會有數字小的減去數字大的情形。如果學童在轉換之間有困擾，老師及家長可以先說明算式的意義，並讓學童多做算式轉換練習（見練習 7-2-3）。

【練習 7-2-3】算式轉換

說明：請將下列橫式改寫為直式或把直式改寫為橫式，並將直式中有數字小的減去數字大的情形圈起來。

練習一

16 − 8 =

練習二

32 − 25 =

練習三

48 − 21 =

練習四

79 − 54 =

練習五

$$\begin{array}{r} 32 \\ -\ 16 \\ \hline \end{array}$$

練習六

$$\begin{array}{r} 68 \\ -\ 45 \\ \hline \end{array}$$

練習七

$$\begin{array}{r} 46 \\ -\ 53 \\ \hline \end{array}$$

練習八

$$\begin{array}{r} 87 \\ -\ 16 \\ \hline \end{array}$$

說明：請判斷下列直式的書寫正不正確。

練習九

$$\begin{array}{r} 24 \\ -\ 9 \\ \hline \end{array}$$

練習十

$$\begin{array}{r} 92 \\ -\ 37 \\ \hline \end{array}$$

策略 7-2-4　位值關係的理解——數字的分解與合成

數的數值無法以較小的數字減去較大的數字時，我們就得從左邊的位數借 1 過來進行運算，這就是借位的概念。因此，位值之間關係的介紹是理解借位概念的重要的既有知識（prior knowledge）。老師及家長可以先介紹十進位數的概念，說明 10 個 1 可以寫成 10，並將數字 10 中的 1 的意義以具體或繪畫方式呈現給學童，幫助他們學習位值的意義。假如學童對於說明方式無法很快速的理解，老師及家長可以用實物呈現（例如，金錢）來介紹十進位，甚至百進位（見練習 7-2-4）。

【練習 7-2-4】數字的分解與合成

說明：請寫下或填入適當的數字。

練習一

（　）個 1 元等於 10 元

（　）個 10 元等於 100 元

練習二

數數看總共有多少個正方形？

□□□□□□□□□□

□□

練習三

15 等於（　）個 1，

或是等於（　）個 10 加上（　）個 1

練習四

34 等於（　）個 10 加上（　）個 1

練習五

數字 65 中的 6 跟 5，哪一個數字代表十進位？

所以，65 等於（　）個 10 和（　）個 1 相加

策略 7-2-5　10 以內（含 10）的減法運算

老師及家長可以先從最基本的運算中，逐步將借位概念介紹給學童。比方，10 － 4 ＝？從 10 以內（含 10）的減法練習開始，是因為學童可以運用個人的手指，或是畫圖的方式來解決問題（見練習 7-2-5）。

策略 7-2-6　10 以上的減法運算

10 以內（含 10）的減法可以運用實物或繪畫方式解決，但是 10 以上的減法問題，特別是含有數字大的減法問題，就比較難運用實物或繪畫方式解決。所以，在練習數字的分解合成及 10 以內的減法計算後，了解借位概念會相對地容易。

老師及家長可以讓學童將數字分解，再運用 10 以內的減法，最後再將數字合成（例如，23 － 8；23 可以分解成 10 ＋ 10 ＋ 3 或 10 ＋ 13，運用 10 － 8 或 13 － 8 後，再將相減後的結果跟原先未動用部分的 10 ＋ 3 或 10，合成起來）（見練習 7-2-6）。

【練習 7-2-5】10 以內（含 10）的減法運算練習

說明： 請練習下列的減法運算。

$10 - 2 =$　　　　$10 - 6 =$

$10 - 3 =$　　　　$10 - 9 =$

$$\begin{array}{r} 10 \\ -\ \ 7 \\ \hline \end{array} \qquad \begin{array}{r} 10 \\ -\ \ 5 \\ \hline \end{array}$$

$$\begin{array}{r} 10 \\ -\ \ 8 \\ \hline \end{array} \qquad \begin{array}{r} 10 \\ -\ \ 4 \\ \hline \end{array}$$

【練習 7-2-6】10 以上的減法運算練習

說明：請練習下列的減法運算或填入適當的數字。

練習一

$$\begin{array}{r} 32 \\ -\ 16 \\ \hline \end{array}$$

32 可分解為：

32 ＝ 20 ＋ 12

計算：

12 － 6 ＝（　）

20 － 10 ＝ □

合成：

（　）＋ □ ＝○

或

32 可分解為：

32 ＝ 2 ＋ 10 ＋ 20

計算

2 ＝ 2

10 － 6 ＝（　）

20 － 10 ＝ □

合成

2 ＋（　）＋ □ ＝○

練習二

$$\begin{array}{r} 45 \\ -\ 27 \\ \hline \end{array}$$

45 可分解為：

45 ＝ 30 ＋ 15

計算：

15 － 7 ＝（　）

30 － 20 ＝ □

合成：

（　）＋ □ ＝○

或

45 可分解為：

45 ＝ 5 ＋ 10 ＋ 30

計算

5 ＝ 5

10 － 7 ＝（　）

30 － 20 ＝ □

合成

5 ＋（　）＋ □ ＝○

【練習 7-2-6】10 以上的減法運算練習（續）

練習三

$$\begin{array}{r} 86 \\ -\ 49 \\ \hline \end{array}$$

86 可分解為：

86 ＝ 70 ＋ 16

計算：

16 － 9 ＝（　）

70 － 40 ＝ □

合成：

（　）＋ □ ＝○

或

86 可分解為：

86 ＝ 6 ＋ 10 ＋ 70

計算

6 ＝ 6

10 － 9 ＝（　）

70 － 40 ＝ □

合成

6 ＋（　）＋ □ ＝○

練習四

$$\begin{array}{r} 54 \\ -\ 36 \\ \hline \end{array}$$

54 可分解為：

54 ＝ 40 ＋ 14

計算：

14 － 6 ＝（　）

40 － 30 ＝ □

合成：

（　）＋ □ ＝○

或

54 可分解為：

54 ＝ 4 ＋ 10 ＋ 40

計算

4 ＝ 4

10 － 6 ＝（　）

40 － 30 ＝ □

合成

4 ＋（　）＋ □ ＝○

【練習 7-2-6】10 以上的減法運算練習（續）

練習五

$$\begin{array}{r} 63 \\ -\ 28 \\ \hline \end{array}$$

63 可分解為：

63 ＝ 50 ＋ 13

計算：

13 － 8 ＝（　）

50 － 20 ＝ □

合成：

（　）＋ □ ＝○

或

63 可分解為：

63 ＝ 3 ＋ 10 ＋ 50

計算

3 ＝ 3

10 － 8 ＝（　）

50 － 20 ＝ □

合成

3 ＋（　）＋ □ ＝○

練習六

$$\begin{array}{r} 71 \\ -\ 55 \\ \hline \end{array}$$

71 可分解為：

71 ＝ 60 ＋ 11

計算：

11 － 5 ＝（　）

60 － 50 ＝ □

合成：

（　）＋ □ ＝○

或

71 可分解為：

71 ＝ 1 ＋ 10 ＋ 60

計算

1 ＝ 1

10 － 5 ＝（　）

60 － 50 ＝ □

合成

1 ＋（　）＋ □ ＝○

個案二：小南

小南（男），八歲，就讀台北縣某國小二年級。在家是長子，下有一弟一妹，弟弟上幼稚園大班，妹妹三歲。父親上班是採輪班制，上班時間不固定，父母平日為了工作及照顧弟弟妹妹，沒時間關心個案做功課的情況。個案生活作息無規律，生活習慣不佳，經常躲在房間看漫畫書、玩遊戲卡，作業常是家人再三催促才會去做，做功課時經常邊寫邊玩。

小南的學業成績不理想，各科幾乎都是班上最後幾名。小南上課時很不專心，經常找鄰座同學說話，影響上課秩序，也常忘記帶東西。小南需要一對一的指導，如果整班一起上課時，學習效果不理想，下課時請小朋友教他，他也不會很專注，只想出去玩，效果不佳。國語作業字跡潦草、內容敷衍了事，也經常寫錯字或漏寫；數學科作業類似的題目有時能做對，有時又做錯，經過指正依然如此。

例如，小南在進行加減應用題解題時，常會有計算錯誤的情況，不論直式或橫式都會出錯。像是已經正確列出算式為 25 ＋（　）＝ 48 的題目，答案卻算成 3，問他理由，他說「5 ＋ 3 ＝ 8」，好像就完全忘了還有十位數。

小南的乘法計算常出錯，他會背九九乘法但不夠熟練，例如 7 × 6 ＝（　），如果直接背就可能背成 54（可能與九六 54 混淆），所以經常都得從七一 7、七二 14、七三 21……一步步唸才能答題。在面對一題超出九九乘法範圍的應用題，「一條巧克力有 8 顆，陳小姐買了 13 條，請問會有幾顆巧克力？」小南的作法是 8 × 9 ＝ 64（又背錯了），8 × 4 ＝ 32，然後 64 ＋ 32 ＝ 96。

綜合問題診斷

小南加減計算的問題，可以從以下兩個方向分析：

- 數概念的問題。對數字所代表的意義掌握得不夠清楚的孩子，運算上會出現各類錯誤，這就得回頭釐清單元六的整數數概念。
- 專注力不足，運算未達自動化。有些學生具有基本的數概念，但由於專注力不足，且基本的運算程序也不夠自動化，要維持專注力在追蹤與監控計算的程序上會有困難。

小南的表現時好時壞，如下六道題目所示，所以，第二種可能性比較高。

題 1	題 2	題 3	題 4
59 + 31 = 80	181 + 31 = 112	273 + 31 = 104	43 − 37 = 06

老師先指導小南有關進位的意義與步驟，在下一次輔導時的檢核結果為：

題 5	題 6
29 + 9 = 38	29 + 19 = 38

題 5 記得進位，答案正確，題 6 要處理較多步驟，就又錯了，經過提醒後接下來的題目就都能做對。這種有時對、有時錯的情況一再發生。

小南的**乘法運算**也有問題，可以從以下三個方面分析：

- 對乘法意義欠缺理解。乘法計算是以乘法意義為基礎，也就是必須了解這是兩個單位之間的轉換，例如「一條巧克力有 **8** 顆，**4**

條合起來有幾顆？」有些學生會把兩個數字加起來，8 + 4 = 12，這樣的學生無法清楚區分加減法與乘法的差異，也就是加減法問題是同單位量經過合併、添加、取走、比較等所產生的結果，而乘法則牽涉到兩個單位的轉換，例如把「條」的數量改用「顆」來描述。小南這部分似乎沒有問題。

- 乘法事實不夠熟練，在運算時需要用累加方式或從頭背九九乘法表，所以容易產生錯誤。
- 對 10 的倍數不熟，使得處理多位數乘法時使用了不利於未來與直式算則接軌的運算方式。

問題分析 7-3：專注力問題

小南似乎專注力不足，做完個位數的計算就容易忘了還有十位數，也很容易受到環境的干擾，所以宜減少任何可能影響小南的干擾源。另外，讓小南的計算流程盡量地規律，使某些演算的動作成為自動化，小南就不需要費力來監控自己做到哪個步驟了。

策略 7-3-1　減少干擾

學習環境的選擇：為減少可能影響小南專注力的干擾源，必須慎選學習環境，例如家中寫功課的地點不宜在電視附近，或將漫畫書、玩具等放在另一個空間。老師單獨指導小南功課時，若能找到獨立的、沒有人來人往的小空間，效果會更好。

保持計算紙乾淨清爽：給小南計算用的紙張，可以裁成較小的紙張，算完一題就換一張，或是每計算完一題就把有痕跡的部分折到背面，讓要計算的地方都是空白乾淨的，而不要在一大張紙上擠滿了許多題的演算紀錄。

遮住目前沒有在算的位數：老師指導小南，在計算個位數時就遮住十位數，計算到十位數時就遮住個位數，使眼睛只看到正在計算的位數。這個動作必須配合下一個策略：計算流程的規律化，否則有可能更容易忽略某些還沒有做完的步驟。

策略 7-3-2　計算流程的規律化

演算流程如果能自動化，其好處是節省心力，執行動作的人就不必再費心監控做到哪個步驟，決定下一步驟該是什麼，動作一經啟動，就會逐一執行到動作終止。自動化必須透過規律步驟的練習，讓每一次執行的動作都是穩定不變的。早期機械式演算練習的訣竅就是為了達到自動化的目的，許多老師家長都很清楚該如何指導，計算的自動化對專注力或監控能力不足的孩子特別重要。

但我們並不認為，強調計算的自動化就不必重視概念的理解，因為計算的自動化並不能幫忙孩子決定文字題的意思，以及選擇正確的算式，而只是減低了演算上的心力，數學問題的解決還有許多部分是超越計算能力的。

問題分析 7-4：估算與評估結果

如果小南對計算結果的可能範圍有一點估算能力，並且會自動估算以評估答案的合理性，就可能有機會察覺計算的錯誤，進而重新計算。例如前文【綜合問題診斷】的題 2，181 ＋ 31 的答案怎麼可能是 112 呢？估算與評估結果不足，是許多孩子常有的問題。

策略 7-4-1　先不計算，只做判斷

當學生忙著計算時，常會無心也無餘力進行合理性的判斷，所以，老師可以提供一些完成計算的錯誤案例或正確案例，讓學生在不做計算的情況下進行合理性的判斷。使用練習 7-4-1 的學習單時，宜請學生把鉛筆收起來，以確保學生不是用計算來確認答案是否正確。

在設計不合理的答案時，老師可以把學生會犯的錯誤設計在內，但是對於多一少一的錯誤，則不宜放入，因為這樣的錯誤在不做精確計算的情況下是無法發覺的，所以練習 7-4-1 多半的錯誤是位值概念上的錯誤，或是加減運算的錯用。

策略 7-4-2　利用高位數進行估算

加減法運算結果的估計，主要是忽略低位數的資料，專注於高位數間的加減結果，即可減輕心算的負擔，進而得到一個大概的結果。可搭配練習 7-4-2。

平時計算之前，老師可以先讓學生猜猜答案大約是多少，對於答出很精確的答案的——例如 358 ＋ 216 ＝（　　）回答 574——學生，老師可以簡單地回應「你應該是心算的。不要用算的，三百多

加上兩百多，大約會是多少？」估算就該容許誤差，所以不論答五百、六百、五百多或六百多，老師都應該接受，也可以請學生說明他是怎麼估算的。至於答案離譜者，老師可以請其他學生說明為什麼不可能是這樣的答案。

如果老師經常在計算之前引導學生先行估算，慢慢地估算就會變成學生計算之前的思考動作之一，這樣一方面可以引導答案的方向，減少算錯的機會，另一方面真的有離譜的錯誤時，也容易發現。

但是估算終究只是粗略答案的估計，有些計算的錯誤還是無法經由估算發覺，例如 358 + 216 =（　　），564 或 573 這類的計算錯誤就無法由估算發現。

【練習 7-4-1】先不計算，只做判斷

說明：想想看，底下的答案合理嗎？對的打○，錯的打×。請不要用計算的。

(　) (1) 37 + 59 = 816

(　) (2) 65 + 87 = 1412

(　) (3) 33 + 52 = 85

(　) (4) 314 + 38 = 694

(　) (5) 53 − 29 = 81

(　) (6) 43 − 20 = 23

(　) (7) 505 − 180 = 485

(　) (8) 486 − 48 = 6

【練習 7-4-2】利用高位數進行估算

說明：只管位數最高的數量，猜猜看答案大約多少？請選出答案。

( ) (1) 365 + 413 = □ 大約 ①九百 ②七百 ③八十

( ) (2) 521 + 24 = □ 大約 ①七百 ②六百 ③兩百

( ) (3) 651 + 384 = □ 大約 ①九千 ②一千一百 ③九百

( ) (4) 87 + 611 = □ 大約 ①一千四百 ②六百 ③五百

( ) (5) 936 − 413 = □ 大約 ①一千三百 ②五百 ③兩百

( ) (6) 511 − 232 = □ 大約 ①八百多 ②超過三百 ③不到三百

( ) (7) 732 − 56 = □ 大約 ①七百 ②五百 ③兩百

( ) (8) 697 − 5 = □ 大約 ①六百 ②兩百 ③一百

問題分析 7-5：加（減）數未知問題的求解困難

「信哲現在有 47 元，但他想買一個 80 元的遊戲卡，還需要存多少元？」這樣的問題按時間順序列式的話，很可能列成47 +（　）= 80，我們稱這樣的算式為加數未知的問題。接下來的困難是，一個還不懂移項的小二學生，會怎麼算出答案呢？如果是 80 −（　）= 47 這樣的減數未知問題呢？

這類問題在某些版本的課程中會出現在二年級的課本，在有文字題搭配的情況下，算式的意義比較容易掌握，有時候文字的情境脈絡會協助孩子找到方法解題。但有些版本會有單獨的計算題要求學生解題，學生常會產生困難。

策略 7-5-1　數字不大時，可採逐一追加或逆數方式解題

課程中解決上述問題之前，通常會有像 7 +（　）= 12 或是 11 −（　）= 8 這樣數值較小的問題，在這種小數量的情況下，兒童會自動使用他所熟悉的數數策略解題，尤其單元六提過的往上加數或往下逆數的策略。例如解 7 +（　）= 12 的問題時，口中先唸出「七」，然後一邊扳手指頭，一邊逐一唸出「八、九、十、十一、十二」，此時手指頭扳了 5 指，所以答案就是加 5。又如解 11 −（　）= 8 時，則先唸出「十一」，然後一邊扳手指頭，一邊逆數「十、九、八」，看看手指頭扳了 3 指，所以是減 3。

所以當數字不算太大，例如加數或減數在十幾的範圍內，扳手指頭尚可處理的情況下，不妨舉上述這種數量很小的類似題，讓孩子很容易地聯想到這樣的策略，就可以遷移到所要解決的問題上。

策略 7-5-2　數字大時，必須分就單位 10 與單位 1 追加或逆數

前一策略在求解的加數與減數大過二十時，扳手指的策略也不容易採用，因為數字過大會弄不清楚指頭被扳下、扳上，扳了幾回合？扳手指頭來回的次數太多，學童將無法記得這是十幾，還是二十幾，抑或是三十幾，這時另一種策略是分別以單位 10 和單位 1 進行往上數或往下數。例如：23 ＋（　）＝ 61，先唸出「二十三」，接著扳手指頭「三十三、四十三、五十三」，再追加就會超過 61，先暫停，看看手指，扳了 3 指，所以已經加了 30，接著唸「五十四、五十五、五十六……六十一」，共扳了 8 指，所以又追加了 8，合起來是 38。

要能夠使用這樣的策略解題，前提是數概念中的位值概念必須發展得比較好，同時要有較佳的專注力，可以清楚地追蹤自己數的是十位數還是個位數，或有較好的策略，能以筆記記錄正在追加的位數。

策略 7-5-3　發現算式中的樣式（pattern）

對於專注力或使用策略的能力不夠好的孩子，可以透過本策略去發現算式中的樣式，也就是讓孩子去發覺 23 ＋（　）＝ 61 與 61 － 23 ＝（　）之間的關聯性。

對許多成人而言，是透過移項法則把 23 ＋（　）＝ 61 置換成 61 － 23 ＝（　）的，也就是等號兩邊同減一數（如 23），等號兩邊的相等關係不會改變，但這樣的說法是無法讓低年級的孩子聽懂的。我們認為讓孩子觀察一些特別設計的算式，可以讓他掌握未知數與另外兩個已知數間的關係。

可以先讓學生練習在湊整 10 的活動中，發現未知數的與被加數及和數 10 的關係，老師可以讓學生說說看，怎麼算出（　）是多少？此時可能有學生會提到往上數的策略，老師可以追問有沒有什麼更快的方式？因為數字簡單，很容易就會有人指出用和數減去被加數，此時大家可以用此一方式檢查一遍黑板上的各算式，同時老師可以追問學生「為什麼會這樣？」希望會有學生指出和數是總和，而被加數和加數都是這個總和的一部分，如果其中有一個部分不知道，就可以由總和減去另一個部分。接著再變換數字，使這樣的關係可以類推到更多的情況。可搭配練習 7-5-3。

【練習 7-5-3】發現算式中的樣式

撲克牌遊戲撿紅點，要怎麼才能湊成 10 呢？請把數字填進（　）。

(1) 4 ＋（　）＝ 10

(2) 8 ＋（　）＝ 10

(3) 7 ＋（　）＝ 10

(4) 2 ＋（　）＝ 10

(5) 9 ＋（　）＝ 10

說說看，（　）是怎麼算出來的？

換個情況，算算看，剛剛發現的規則還是對的嗎？

(6) 4 ＋（　）＝ 16

(7) 8 ＋（　）＝ 16

(8) 7 ＋（　）＝ 16

(9) 2 ＋（　）＝ 16

(10) 9 ＋（　）＝ 16

再換一個數字更大的情況，規則還是對嗎？

(11) 32 ＋（　）＝ 68

(12) 25 ＋（　）＝ 73

請你自己設計兩個題目，算算看，剛剛發現的規則還是對的嗎？

【練習 7-5-3】發現算式中的樣式（續）

用 10 元買東西，東西是多少錢，才會找回這樣的錢數呢？請把數字填進（　）。

(1) 10 －（　）＝ 3

(2) 10 －（　）＝ 8

(3) 10 －（　）＝ 4

(4) 10 －（　）＝ 6

(5) 10 －（　）＝ 9

說說看，（　）是怎麼算出來的？

換個情況，算算看，剛剛發現的規則還是對的嗎？

(6) 15 －（　）＝ 3

(7) 15 －（　）＝ 8

(8) 15 －（　）＝ 4

(9) 15 －（　）＝ 6

(10) 15 －（　）＝ 9

再換一個數字更大的情況，規則還是對嗎？

(11) 78 －（　）＝ 33

(12) 52 －（　）＝ 29

請你自己設計兩個題目，算算看，剛剛發現的規則還是對的嗎？

問題分析 7-6：對乘法意義欠缺理解

如果小朋友在「一條巧克力有 8 顆，4 條合起來有幾顆？」的解題時採用加法，一種可能的原因是被「合起來」這樣的關鍵字誤導了，但也反應了該小朋友忽略題目中的數字是兩種不同單位的數量，不了解這是把大單位的數量換成小單位來描述的單位轉換問題，宜以乘法解題。大小單位的轉換在分數問題時也很重要，另外區分乘除問題均將在中年級版加以討論。

要能處理乘法問題，在數概念方面必須先發展出大單位的概念，也就是能以非 1 的數字為單位進行計數，例如 5 顆巧克力一數，而且賦予該單位一個單位名稱，例如「條」，並且能清楚區辨原本的小單位「顆」和新產生的大單位「條」之間的差異。

策略 7-6-1　先不解乘法問題，而熟悉兩種不同單位的區辨

在孩子對兩種不同單位還不是很能區辨時，就進行乘法問題的解題，有時會發生還不是很理解題意，就得進行運算解題的困境。所以，不妨減低孩子的負擔，先讓孩子的心力集中於區辨兩種不同單位上。可搭配練習 7-6-1。

在練習拿出大單位，例如「3 條」時，老師的觀察重點在於，那 24 顆小單位是否有 8 顆、8 顆的在空間上適當地分開，老師還可以追問「怎麼看出來有 3 條呢？」學生應該能以手指圈出第一個 8 顆，說「這是第一條」，再圈第二個 8 顆，說「這是第二條」……。如果 24 顆被隨意散置在桌上，那老師更應該追問「3 條在哪裡？」

在練習拿出小單位，例如 24 顆時，基本上學生不一定要同時處理大單位的數量，也就是這 24 顆可以隨意地散放在桌上，或是拿出

兩個 10 顆和另外的 4 顆擺在桌上，並不需要以 8 為單位拿出 3 條，但後者顯然在兩種單位的轉換上更勝一籌，代表該生可以清楚地同時處理兩種單位。

【練習 7-6-1】區辨兩種不同的單位

材料：花片、小白積木，或其他容易操作的小教具，抑或用畫圖方式表示。

玩法：假裝小教具是巧克力糖，小朋友是西點麵包店的老闆，老闆要把巧克力糖裝成一條 8 顆來賣。請小朋友依據老師的指令拿出指定的數量。老師可以隨意指定學生拿出一些以顆為單位或以條為單位的數量，可以是單位量（8 顆）、單位數（3 條、5 條等），或是總量（24 顆、40 顆等）。「請拿出 8『顆』巧克力糖」、「拿出 3『條』巧克力」，在說到單位時，宜加重語氣讓學生注意到單位的不同，老師並巡視學生是否拿出正確的數量。

為增加學生對各種單位間轉換的經驗，老師可以變換各種情境，例如：「一盒雞蛋裝 10 顆」、「一打鉛筆有 12 枝」、「一包電池有 4 顆」、「一對咖啡杯有兩個」……。

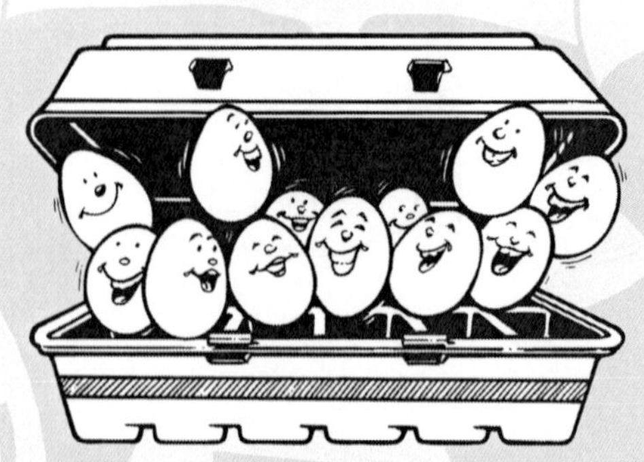

策略 7-6-2　比對加法與乘法文字題題型、區辨加法與乘法的算式，以增加乘法意義與加法意義的區辨

整數乘法問題除了以乘法算式解題之外，學童也很容易會以加法算式加以解題，因為基本的乘法問題（例如等組、等量問題），例如「一條巧克力有 8 顆，4 條合起來有幾顆？」也的確是一種合併求總數的情境，孩子有可能採取一種加法的解題策略，但重要的是加什麼，是否知道在加法算式中，4 條是表現累加了 4 個 8，而不是把 4 和 8 加在一起。搭配練習 7-6-2。

【練習 7-6-2】加乘法的比對與區辨

⑴一盒雞蛋裝 10 顆，媽媽買了 5 盒，總共有幾顆？

⑵冰箱有雞蛋 10 顆，媽媽又買了 5 顆，總共有幾顆？

這兩個問題有什麼不一樣？畫圖來說明看看。

⑶一條巧克力有 8 顆，4 條合起來有幾顆？

⑷弟弟有巧克力 8 顆，哥哥有 4 顆，合起來有幾顆？

這兩個問題有什麼不一樣？畫圖來說明看看。

應用題⑶的解題，有人用　$8 \times 4 = 32$ …………… （甲）

有人則用　$8 + 8 + 8 + 8 = 32$ …………… （乙）

說說看，（甲）式中 8 是什麼？4 是什麼？32 是什麼？（乙）式中第一個 8 是什麼？第二個 8 呢？那 4 條在哪裡？（老師宜特別留意學生能否解釋算式與原問題的關係。）

問題分析 7-7：乘法事實不熟練

有些孩子的確花了時間背誦九九乘法，但因為欠缺好的練習策略，每次都是按照九九乘法表從頭背到尾，而老師、家長也無法每次都陪在旁邊負責隨機出題，所以，當孩子碰到乘法計算時，不循著同樣的順序唱一遍，就無法提取出特定答案。

策略 7-7-1　以遊戲的方式熟練隨機出現的九九乘法問題

遊戲並不適合發展概念理解，因為在求快、求勝的氣氛中，沒人會有興趣弄懂一個不懂的東西。但遊戲非常適合讓孩子熟練某些技能，市面上有一些乘法的光碟片或遊戲機可用來熟練九九乘法，本書也提供兩個不必花錢的遊戲，請見練習 7-7-1.1 和練習 7-7-1.2（感謝台北市民權國小林國陽老師提供），下文會說明為何十十乘法比九九乘法更恰當。

【練習 7-7-1.1】熟練十十乘法的撲克牌遊戲

材料：一副撲克牌，抽掉鬼牌、J、Q、K，剩下各花色的 A-10 共四十張。

玩法：兩人一組，洗牌後，兩人同時各抽一張，然後數一、二、三，同時翻牌，誰先唸出兩牌的乘積，就可收走這兩張牌，玩完一輪後，點數張數，張數較多的就贏一局。全班競賽時，可以每組採三戰二勝，勝的人，再找另一組勝出的同學對局。

【練習 7-7-1.2】熟練十十乘法的 Excel 遊戲

材料：

電腦、Excel 軟體。

玩法：

Excel的第 1 欄為題號，第 2 欄放被乘數，第 3 欄放乘數，第 4 欄留給學生填入答案，第 5 欄為回饋欄，若第 4 欄的答案等於第 2 和 3 欄的乘積，則給與讚美詞，否則就再給一次機會，所以第 5 欄的 fx 是以邏輯語言來定義的，例如＝ IF（（A$4 ＝""）,"",IF（（A$4 ＝ A$2*A$3）,"太棒了！","再想一想"）），也就是答對的時候會有「太棒了！」的回饋，答錯了則是「再想一想」。做到第 3 題的 Excel 畫面範例如下。

一	二	三	四	五	六	七	八	九	十
6	8	5	6	8	7	3	9	3	10
7	3	8	9	4	4	8	5	6	5
42	24	40							
太棒了！	不錯哦！	不簡單！							
10	10	10							
你目前的成績是 30 分									

問題分析 7-8：被乘數或乘數超過十的分解方式

在面對問題「一條巧克力有 8 顆，陳小姐買了 13 條，請問會有幾顆巧克力？」小南的作法是 8 × 9 = 64（72 之誤），8 × 4 = 32，然後 64 + 32 = 96。這樣的分解方式顯現了小南提取的乘法事實是九九乘法，在超過 10 以上的乘法運算上，會先做出最大數 9 的倍數後，再算不足的倍數。雖然概念上正確，但這種算法不容易與未來多位數乘法的直式算則有良好的聯繫。下面的比對可以發現，甲式與多位數直式算則非常相近，熟悉甲式的學生，在學習乘法直式算則會更容易掌握其意義。

8	8 × 3 = 24	8 × 9 = 72
× 13	8 × 10 = 80	8 × 4 = 32
24	24 + 80 = 104	72 + 32 = 104
8		
104	甲式	乙式

策略 7-8-1　宜熟悉十十乘法

在唱誦乘法表時，唱到十的確唸起來很怪異，例如：九八七十二、九九八十一、九十九十……。按順序唱誦乘法表在初期的確有助於學童記憶，但如前所言，一段時間後應該讓學生熟悉隨機的順序，此時可以運用各類的遊戲來熟練之，要把 10 的倍數納入並不困難，如前面的練習 7-7-1.1 及 7-7-1.2 都含有 10 的倍數。

數學文字題

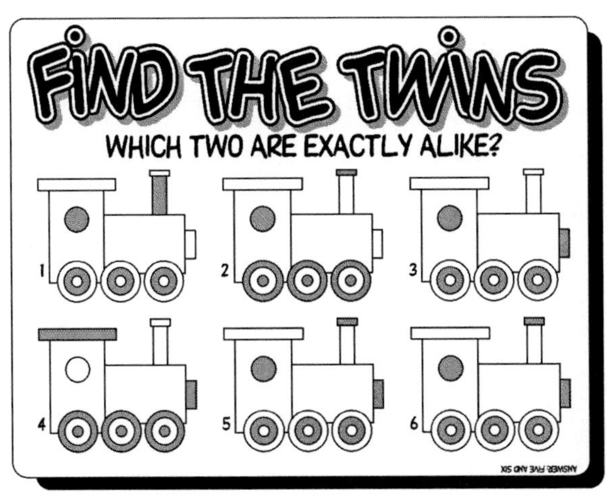

張景媛
陳萩卿

個案一：祥祥

祥祥目前就讀國小一年級，是家裡的獨子，他的父母平常工作忙碌，大部分時間都由祖母料理他的生活大小事。祥祥平常作息規律，作業多能按時繳交。雖然他的反應快，口語表達還算流暢，數學運算能力也不錯，但平常閱讀的速度較慢。尤其，每次作業或考試只要遇到數學文字題，不是常空下來沒有作答，就是答非所問。這天，作業中又有文字題「**小梅原來有5顆糖果，媽媽又給她4顆，請問現在小梅共有多少顆糖果呢？**」他和往常一樣空下來沒有作答，於是，老師利用下課時間，請他在教室當場完成，看到他對著題目發呆，老師請他把題目唸一遍，只見他用手指著題目一個字一個字緩慢地往下唸「小……梅原來有5……」，這時他靦腆的抬頭看著老師，老師跟他說「ㄎㄜ」，他接著唸「小……梅原來有 5 顆……」，這時他又不自主的看著老師，老師再告訴他「那個字唸『糖』，糖果的糖」，好不容易唸完整個題目。他讀完後想了一下，說：「喔，我好像知道了！」接著用加法算出答案，終於完成作業。

經過許多練習，祥祥對加法運算已經相當熟練，面對運用加法的文字題也多能輕鬆解答，並開始學習減法。這一天，老師在黑板上寫下練習題「**哥哥有 2 顆蘋果，妹妹有 6 顆蘋果，請問妹妹比哥哥多多少顆蘋果呢？**」祥祥興奮地自告奮勇上台解題，他說：「妹妹比較多，要用減法」，並用粉筆先寫下 2，然後在 2 的後面寫下 6，最後畫上減號，變成 2 － 6 ＝ 4，……。

為了讓班上學生充分練習加減法，老師出了數學文字題「**10 張獎卡可以換一份小禮物，小花現在有 6 張獎卡，請問她還要多少張獎卡才能換禮物呢？**」作為回家功課，隔天，老師發現祥祥在作業本寫著 10 ＋ 6 ＝ 16。於是，老師特別請他說說看為什麼用加法，他說：「因為10張可以換禮物，小花有6張，所以還要10＋6張。」

雖然老師花了很多力氣向他解釋，並試著拿出獎卡實際操作，再問他：「小花還要多少張？」卻發現他仍然一臉茫然。最後，老師索性用口頭的方式，換個題目問他：「**10 元可以買一個小玩具，你現在有 6 元，請問你還要多少錢才能買到玩具？**」出人意料地，祥祥馬上回答 4 元。

綜合問題診斷

- 祥祥在口語表達上流暢，數學的基本運作能力也不錯，但對題目的閱讀速度緩慢吃力，稍遇到難字則很快放棄。但是，當他了解數學文字題的意思後，不但知道要用加法解題，也能順利的算出答案。顯示他此時主要的困難是「不了解題意」與「題目中的難字太多」。
- 因為祥祥對加法文字題有豐富的解題經驗，可能習慣將最早出現的數值擺在算式前面，這對加法運算題雖然不會產生困難，但面對減法運算時，卻有程序性列式的問題。此時他主要的困難是「習慣順向列式」與「固著於優先處理題目中最早出現的數字」。
- 祥祥在解答與日常生活有關的文字題時，非常容易了解問題的情境，但在處理與上課內容有關的材料時，對自己不熟悉的東西或情境卻特別容易發生阻礙，顯示他解題的困難在「題目的情境與他的經驗脫節」。

問題分析 8-1：「不了解題意」與「難字太多」

「小梅原來有 5 顆糖果，媽媽又給她 4 顆，請問現在小梅共有多少顆糖果？」

祥祥在解答的過程中，對題目的閱讀速度緩慢吃力，稍遇到難字則很快放棄，而不願意花精神了解問題。但是，當他了解題目的意思後，不但知道運用加法，也能熟練地加以運算。此時他的主要困難是「**不了解題意**」與「**難字太多**」，識字、拼音的能力還要再加強。「我們如何發現孩子有這種問題呢？」老師或家長只要從多與孩子對話的過程中，就可能發現這種情況。

策略 8-1-1　重述題意

我們首先需了解學生看不懂哪些字，並請他從頭到尾**唸一次題目**，等到確定他看懂題目後，再請他**用自己的話將題目說出來**（搭配練習 **8-1-1**）。我們可從一段題目開始讓孩子練習提問，再逐步進入較難的問題，確認孩子識字的情形。在孩子唸題過程中，仔細觀察他閱讀的流暢性、遇到難字的次數及有哪些難字等；當孩子不了解題目意思時，可請孩子用自己的話說出題目意思，配合引導式對話，鼓勵他盡量表達題目意思。此外，由於個案中的祥祥是一年級，為了使他能真正看懂題目的意思，有些時候甚至**可以運用畫圖、表演或說故事等多元方式**，以多重管道表達題目的意思。例如：關於糖果問題，可以請學生先畫出小梅原來的 5 顆糖果，再畫出媽媽後來給她的 4 顆糖果；也可以實際操作，先給學生 5 顆糖果，後來再給他 4 顆糖果。無論運用哪種方式，主要目的是發現不懂的字詞，並能以自己的想法理解題目。

【練習 8-1-1】重述題意（學生使用）

說明：請將下面的題目唸一遍，用自己的話說出題目意思

例　題：哥哥有 8 張貼紙，妹妹有 4 張貼紙，請問他們兩人總共有幾張貼紙？

例　如：哥哥原來有 8 張貼紙，妹妹原來有 4 張貼紙，現在要哥哥和妹妹兩個人把自己的貼紙放在一起，看看他們兩個人的貼紙合起來是多少張？（請儘量說出你心中的想法）

練習題：媽媽買了 5 件藍色衣服、3 件黃色衣服，請問媽媽共買了幾件衣服？

做做看：

練習題：書架上原來有 16 本書，小華拿走 3 本，請問書架上還剩下幾本書？

做做看：

除上述題目外，老師或家長也可從習作或作業中出題，讓孩子有多加練習的機會。

策略 8-1-2　盡量用孩子學過的字命題

以祥祥的例子來說，如果文字題中難字太多，這些大量的新訊息不但會增加他的認知負荷，也會使他有挫折感，而輕易放棄解題的可能性。因此，我們給與文字題時，尤其是低年級的孩子，須先考慮這個題目對學生有多少新訊息，每次僅增加一小部分的新訊息，一方面避免耗費他太多工作記憶而學習成效不彰，一方面逐步提升他的能力（搭配練習 8-1-2）。例如：對祥祥而言，「梅」、「顆」和「糖果」等都是不熟悉的難字，可將題目改為「**小花原來有 5 包糖果，媽媽又給她 4 包，請問現在小花共有多少包糖果？**」先降低題目中難字的比率，再以過去學習經驗為基礎，逐步增加難字等新訊息；修改後的題目，將「梅」改成「花」，將「顆」改成「包」，所以只剩下「糖」這個字較難而已。

【練習 8-1-2】練習命題（老師或家長使用）

說明：為避免難字太多影響學生的數學學習，老師或家長可以參考下面的例題，練習修改下面的題目，可視孩子識字情形加以修改。

改改看，請將題目的字詞修改為適合孩子的程度

例　題：小梅原來有 5 顆糖果，媽媽又給她 4 顆，請問現在小梅共有多少顆糖果？

例　如：小花原來有 5 包糖果，媽媽又給她 4 包，請問現在小花共有多少包糖果？

練習題：體育館裡原來有 12 位球員在打籃球，又來了 5 位球員加入，請問體育館裡共有幾位球員在打籃球？

改改看：

練習題：麵包店有 11 塊蛋糕，曉瑛買走 2 塊，小禎又買走 3 塊，請問還剩下幾塊蛋糕？

改改看：

問題分析 8-2：「習慣順向列式」或「固著於將題目中先出現的數擺在算式前面，將較晚出現的數擺在後面」

「哥哥有 2 顆蘋果，妹妹有 6 顆蘋果，請問妹妹比哥哥多幾顆蘋果呢？」

由於祥祥已有解加法文字題的豐富經驗，面對文字題時，總是將最早出現的數值擺在算式的前面，再依據題意選擇運算法。雖然這對加法運算題並不會產生困擾，但面對個案中類似「蘋果問題」減法的情形時，卻相當容易出錯。所以，此時他主要困難可能是「習慣順向列式」或「固著於將題目中先出現的數擺在算式前面，將較晚出現的數擺在後面」。

策略 8-2-1　認知引導策略（工作分析）

為了解祥祥在類似上述「蘋果問題」的解題過程中，究竟哪部分出現困難，需透過「認知引導策略」來發現他對題意的了解程度、基本運算能力與運用的解題策略，再幫助他建立解題的次目標。藉由學生從題目中發問問題、老師認知引導或同儕相互發問，進行工作分析，建立解題次目標，以順利解題（搭配練習 8-2-1.1、練習 8-2-1.2）。例如：從題意中找問題發問，以了解他對題目的了解程度。開始時可由教師先示範或引導對話，當學生熟練後，可讓學生彼此交互問答，最後，逐步引導學生能自問自答。

例如：「哥哥有 2 顆蘋果，妹妹有 6 顆蘋果，請問妹妹比哥哥多幾顆蘋果？」

1. 可請孩子先說說看題目的意思。

2. 再從題目中已知的句子發問相關的問題。包括：「哥哥有幾

個蘋果？」、「妹妹有幾個蘋果？」等問題。

3.發問題目中需要回答的問題。包括：「哥哥和妹妹兩人的蘋果誰多？」

4.發問解題所需要的計算方法。包括：「比較多多少要用哪種運算法？」

【練習 8-2-1.1】分析題意(1)（老師或家長使用）

說明：老師或家長對學生進行提問。

練習題：冰箱有 10 塊西瓜，哥哥吃掉 2 塊，爸爸又吃掉 3 塊，請問還剩下幾塊西瓜？

1. 請孩子先說說看題目的意思。
2. 從題目中已知的句子，發問相關的問題：＿＿＿＿＿＿＿＿
3. 發問題目中要回答的問題：＿＿＿＿＿＿＿＿
4. 發問解題所需要的計算方法：＿＿＿＿＿＿＿＿

❧請試著用上述方式發問下列練習題。

練習題：哥哥有 25 元，妹妹比哥哥還要多 20 元，請問妹妹有多少錢？

練習題：從小華家走到學校需要 15 分鐘，從學校再走到文具店需要 8 分鐘，請問從小華家經過學校到文具店需花多少時間？

【練習 8-2-1.2】分析題意⑵（老師或家長使用）

說明：老師或家長可請（和）學生互相發問。

學生彼此練習相互發問

練習題：公車上原來有 23 個人，下去 6 個人，再上來 5 個人，請問現在公車上還有幾個人？

1.請先說說看題目的意思。

2.從題目中已知的句子，發問相關的問題：______________________________

____

3.發問題目中要回答的問題：______________________________

____

4.發問解題所需要的計算方法：______________________________

____

5.你現在要如何計算出題目的答案呢？（請列出算式）

☙請試著用上述方式練習下面題目。

練習題：小英家有 25 個杯子，小玉家比小英家還要多 14 個杯子，請問她們兩家共有幾個杯子？

策略 8-2-2　具體操作或繪圖法

針對個案中祥祥的例子，我們發現他可能受到加法解題經驗的影響，而習慣將**先出現的數值寫在算式前面**。由於學生可能習慣將先出現的數值寫在算式前，透過繪圖法可幫助他覺察錯誤，此時除了可列舉許多減法算式幫助他覺察錯誤外，也可用讓孩子自己繪圖的方法加以輔助（搭配練習 8-2-2）。例如：「哥哥有 2 顆蘋果，妹妹有 6 顆蘋果，請問妹妹比哥哥多幾顆蘋果呢？」可請孩子先畫出哥哥的 2 顆蘋果，再畫出妹妹的 6 顆蘋果，再用逐次劃去法，讓他在比較後發現哥哥放在前面將不夠減，必須用大數減小數的方法才行。

【圖示】

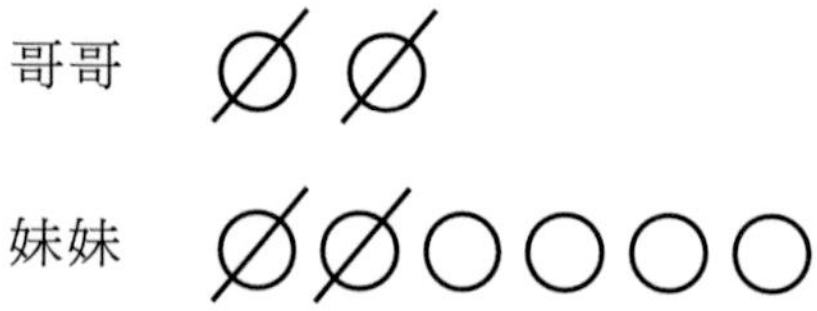

哥哥　Ø Ø

妹妹　Ø Ø ○ ○ ○ ○

【練習 8-2-2】具體操作或繪圖法（學生使用）

說明：請用畫圖方式練習下列的題目。

練習題：冰箱裡有 5 瓶汽水，桌上有 9 瓶汽水，請問桌上比冰箱裡多幾瓶汽水？

請畫圖：

冰箱的汽水

桌上的汽水

練習題：一顆雞蛋賣 6 元，一包青菜賣 15 元，請問一包青菜比一顆雞蛋貴多少錢？

請畫圖：

策略 8-2-3　覺察正例與反例的不同

老師或家長提供孩子相關的正例和反例（搭配練習 8-2-3.1、練習 8-2-3.2、練習 8-2-3.3），透過孩子自己畫圖或對話的過程解題，而非用成人思維，讓孩子有機會比較「自己所列的算式」與「正確列式」的差異，並發現最早出現的數值不一定擺在算式前面。例如：「小明有 3 個圈圈，小美有 5 個圈圈，他們相差幾個圈圈？」，這時可讓孩子藉由圖示比較誰的圈圈多。

正例：	反例：
小美有 5 個圈圈○○○○○ 小明有 3 個圈圈○○○ 　　5 － 3 ———	小明有 3 個圈圈○○○ 小美有 5 個圈圈○○○○○ 　　3 － 5 ———

除練習 8-2-3.1、練習 8-2-3.2、練習 8-2-3.3 的題目外，老師或家長也可自行出題，讓孩子有更多元的練習機會。

【練習 8-2-3.1】覺察正例與反例的不同(1)（學生使用）

說明：請按照順序作答，發現問題後才可以進行下一頁練習。

❧ 說說看，哪個算式有問題，為什麼呢？

練習題：一枝鉛筆 8 元，一塊蛋糕 25 元，請問蛋糕比鉛筆還要貴多少元？

一枝鉛筆要 8 元
一塊蛋糕要 25 元

列出式子：

$$\begin{array}{r} 8 \\ -\ 25 \\ \hline \end{array}$$

一塊蛋糕要 25 元
一枝鉛筆要 8 元

列出式子：

$$\begin{array}{r} 25 \\ -\ 8 \\ \hline \end{array}$$

【練習 8-2-3.2】覺察正例與反例的不同⑵（學生使用）

說明：發現問題並正確修改算式後，才可以進行下一題。

❧ 下面的算式對嗎？如果不對，請列出正確式子（只要列出正確式子就可以了）。

練習題：小華的書包裡有 9 本書，小美的書包裡有 18 本書，請問小華比小美少幾本書？

小華有 9 本書

小美有 18 本書

列出式子：

$$\begin{array}{r} 9 \\ -\ 18 \\ \hline \end{array}$$

【請列出正確式子】

練習題：哥哥買文具花了 13 元，妹妹買零食花掉 27 元，請問妹妹比哥哥多花了多少錢？

哥哥花了 13 元

妹妹花了 27 元

列出式子：

$$\begin{array}{r} 13 \\ -\ 27 \\ \hline \end{array}$$

【請列出正確式子】

【練習 8-2-3.3】覺察正例與反例的不同(3)（學生使用）

說明：了解正確算式與錯誤算式的不同後，再將錯誤算式改為正確式子，如果可能請算出答案。

例題：姊姊有 15 元，弟弟有 46 元，請問弟弟比姊姊還要多幾元？

姊姊有 15 元

弟弟有 46 元

列出式子：15 − 46 =

前面的式子是錯的，正確算式應該是

46 − 15 =

練習題：小華家有 15 個杯子，小美家有 34 個杯子，請問小華家比小美家多幾個杯子？

小華家有 15 個杯子

小美家有 34 個杯子

列出式子：15 − 34 =

練習題：桌上有 16 個蘋果、29 個柳丁，請問桌上的柳丁比蘋果多幾個？

有 16 個蘋果

有 29 個柳丁

列出式子：16 − 29 =

練習題：箱子中有 18 盒彩色筆，32 盒鉛筆，請問箱子中的鉛筆比彩色筆多幾盒？

【如果可以請用直式算出答案】

有 18 盒彩色筆

有 32 盒鉛筆

列出式子：18 − 32 =

問題分析 8-3：題目的情境與他的生活經驗脫節

「10 張獎卡可以換一份小禮物，小花現在有 6 張獎卡，請問她還要多少張獎卡才能換禮物？」

祥祥在「獎卡問題」的解題過程中，一直無法了解小花換獎卡的情境，但是對自己用錢的情境相當熟悉，面對同樣類型的問題，不同的「情境脈絡」導致不同的解題結果。因此，這時候他的主要困難是「**題目的情境與他的生活經驗脫節**」。

策略 8-3-1　題目盡量生活化

由祥祥的例子，我們可以知道題目設定的情境會影響學生對題意的理解程度。當題目是他熟悉的情境時，他可將較多注意力放在數學運算方面；而不熟悉的情境對他來說是新訊息，可能干擾他去思考解題策略。例如：將「獎卡」換成「錢」，孩子有更多的餘力將注意力放在運算上，而不需花力氣理解換獎卡的過程。我們應盡量運用孩子所熟悉的情境，使孩子能將較多的注意力放在思考解題策略上（搭配練習 **8-3-1**）。所以，在出題目時，需仔細觀察並了解學生目前的生活經驗，**以學生共同具有的生活經驗為基礎來出題**，使題目盡量多元化。

例如：低年級學生生活經驗相同的情境有——

1. 家中的人或事物。
2. 吃的零食飲料或各種蔬菜水果。
3. 上學途中所遇到的各種事物。

【練習 8-3-1】題目生活化的練習（老師或家長使用）

說明：練習將題目結合學生的生活情境。

例　題：10 張獎卡可以換一份小禮物，小花現在有 6 張獎卡，請問她還要多少張獎卡才能換禮物？

1. 請孩子先說說看題目的意思。

2. 練習修改題目的情境：

「10 元可以買一份小禮物，小花現在有 6 元，請問她還要幾元才能買到這份小禮物？」

練習題：登記參加這次里民大會的里民有 48 人，但實際參加大會的里民只有 23 人，請問有多少人登記卻沒有來參加？

1. 請孩子先說說看題目的意思。

2. 修改題目的情境：

____

____

練習題：超級市場舉辦購物滿 100 元，就送一盒雞蛋，媽媽已經買了 83 元，請問還要再買幾元才能拿到一盒雞蛋？

1. 請孩子先說說看題目的意思。

2. 修改題目的情境：

____

____

策略 8-3-2　拓展學生的生活經驗

為降低文字題情境脈絡在解題時所造成的干擾，老師需將題目內容與學生生活情境緊密結合，並**提供各種機會幫助學生豐富生活經驗**（搭配練習 8-3-2）。例如：平時家長可多帶孩子參與社區活動或各種聚會，甚至可妥善運用生活學習領域的彈性時間，結合綜合活動目的，拓展孩子的生活經驗，幫助他體驗萬事萬物。例如：當孩子曾經逛過動物園時，面對題目中出現動物園的情境，將較能掌握；當孩子看過或參加過遊園會時，也較能掌握以它為脈絡的文字題。

【練習 8-3-2】拓展生活經驗的練習（老師或家長使用）

說明：想想看，如何拓展孩子的生活經驗呢？

一、住家或學校附近，有哪些方式可以幫助孩子增加用錢的經驗呢？

例如：帶孩子到家附近的便利商店買飲料、＿＿＿＿＿＿＿＿＿＿＿＿＿＿

＿＿＿＿＿＿＿＿＿＿＿＿＿＿＿＿＿＿＿＿＿＿＿＿＿＿＿＿＿＿＿＿

＿＿＿＿＿＿＿＿＿＿＿＿＿＿＿＿＿＿＿＿＿＿＿＿＿＿＿＿＿＿＿＿

二、有哪些方式可以幫助孩子認識各種動物或水果呢？

例如：＿＿＿＿＿＿＿＿＿＿＿＿＿＿＿＿＿＿＿＿＿＿＿＿＿＿＿＿＿

＿＿＿＿＿＿＿＿＿＿＿＿＿＿＿＿＿＿＿＿＿＿＿＿＿＿＿＿＿＿＿＿

＿＿＿＿＿＿＿＿＿＿＿＿＿＿＿＿＿＿＿＿＿＿＿＿＿＿＿＿＿＿＿＿

三、可帶孩子去哪些地方認識遊樂經驗或社會活動的經驗呢？

例如：＿＿＿＿＿＿＿＿＿＿＿＿＿＿＿＿＿＿＿＿＿＿＿＿＿＿＿＿＿

＿＿＿＿＿＿＿＿＿＿＿＿＿＿＿＿＿＿＿＿＿＿＿＿＿＿＿＿＿＿＿＿

＿＿＿＿＿＿＿＿＿＿＿＿＿＿＿＿＿＿＿＿＿＿＿＿＿＿＿＿＿＿＿＿

☙其他方式：老師或家長還想到有哪些方式可以幫助孩子拓展不同的生活經驗呢？

策略 8-3-3　增加討論互動的機會

為幫助孩子了解文字題中的上下文情境，老師在進行各學習領域的教學活動時，需增加小組討論與遊戲互動的機會，而家長也可讓孩子與孩子之間、孩子與父母親友之間，多進行討論、聊天與遊戲。透過孩子口語表達的互動過程中，不但能了解他目前思考的認知能力，幫助擴展其他不同的生活經驗；透過與同儕、兄弟姊妹、父母親友或老師等人的口語溝通，也可幫助他增加語文理解的能力，讓他較容易掌握數學文字題的題意，而能將注意力放在解題策略的選擇與運用上（搭配練習 8-3-3.1、練習 8-3-3.2）。

策略 8-3-4　自詢策略

在確認學生看完題目後，提醒他不要急著作答，先停一下，想一想，用自己的話說一說題目意思，再開始解題運算（搭配練習 8-3-4）。剛開始，可先由老師或家長在孩子每次讀完題目後，先問他：「題目在問些什麼？」幫助孩子逐漸養成習慣，能在看完題目之後，先停下來想一下「題目在問些什麼？」

【練習 8-3-3.1】增加討論互動的練習⑴（學生使用）

說明：請和其他同學互相練習發問問題。

例　題：運動場本來有 22 個人在打球，後來走掉 5 個人，請問還有幾個人在運動場上打球？

例　如：學生甲問：「這 5 個人去了哪裡呢？」

學生乙問：「走掉 5 個人是用加法還是減法呢？」

練習題：小英現在有 23 顆氣球，小華又拿到 10 顆氣球，請問小英和小華兩人共有幾顆氣球？

練習題：哥哥有 8 枝鉛筆，妹妹比哥哥還要多 15 枝鉛筆，請問妹妹有幾枝鉛筆？

【練習 8-3-3.2】增加討論互動的練習⑵（老師或家長使用）

說明：老師或家長可伺機出問題，透過家庭事物或教室情境的討論，讓孩子針對問題，與父母或老師相互發問，藉由對話方式增加討論互動機會。

一、家庭事物或情境的討論

練習題：家裡有 6 個梨子，媽媽已經切好 3 個梨子，請問還有幾個梨子沒有切？

進行對話：

練習題：廚房有 13 個碗盤要洗，哥哥已經洗好 5 個，請問還有多少碗盤沒有洗？

進行對話：

❧想想看，家裡還有哪些情境可以和孩子對話討論？

二、教室情境的討論

練習題：排隊時，一排有 6 個人，全班可排成 5 排，請問全班共有多少人？（可以有各種解法，不一定要用乘法）

進行對話：

練習題：小華有 16 顆糖果，先給小英 3 顆糖果，又給小明 9 顆糖果，請問小華還有幾顆糖果？

進行對話：

❧想想看，學校或教室中還有哪些情境可以和孩子對話討論？

【練習 8-3-4】自詢練習（學生使用）

說明：練習時不要急著作答，先停下來想一想，用自己的話說一說題目的意思，再開始解題。

練習題：媽媽買了 23 個蘋果，爸爸吃掉 5 個，弟弟又吃掉 8 個，請問還剩下幾個蘋果？

1. 請先想一想題目在說些什麼？

2. 說說看，題目的意思是什麼？

3. 你會用哪種解題方法來計算題目，為什麼？

練習題：一盒雞蛋 24 元，媽媽先買了 2 盒，後來又買了 3 盒，請問媽媽總共花掉多少錢？

1. 請先想一想題目在說些什麼？

2. 說說看，題目的意思是什麼？

3. 你會用哪種解題方法來計算題目，為什麼？

個案二：琪琪

琪琪是國小二年級學生，她做數學練習卷的速度很快，每當班上同學還在努力解題時，她總是第一個寫完，老師批改她的作業後，發現她的數學表現很不穩定，單純的計算題可以答得很好，但一遇到數學文字題就要碰運氣了。於是，老師趁著她在做文字題時仔細觀察，發現她似乎沒有從頭到尾看完題目，例如：解文字題「哥哥有 20 顆彈珠，妹妹有 30 顆彈珠，請問他們共有多少顆彈珠？」她會很快地用鉛筆把「共有」兩個字圈起來，並寫下 20 ＋ 30 ＝ 50。

為了讓她更熟練，老師請她做文字題組「花花的生日，小英、阿文和大年三個人幫她慶生，討論買禮物的事，小英說：『我有 20 元，可以買一本筆記本。』阿文說：『一枝鉛筆 5 元，我的錢剛好可以買 3 枝。』大年說：『如果我們三個人把錢合起來，就可以買到 50 元的禮物了。』(1)請問阿文有多少錢？(2)請問大年有多少錢？」面對這個題組，琪琪完全答不出來，老師請她找出阿文說了什麼話，她對著題目看了半天，就是答不出來，於是老師指給她看，並請她把那句話唸一次，接著再問她：「阿文說了什麼？」只見她又回去看了半天題目，還是答不出來。

又一次，同樣面對文字題「弟弟有 9 枝鉛筆，媽媽又給他 7 枝，請問弟弟現在有幾枝鉛筆？」這次琪琪抓了抓頭，第一次寫下 9 × 7 ＝ 63，老師請她再看一次題目，她看完後說「喔！我知道了。」改成 9 ＋ 7 ＝ 16，老師因為想確定她是怎麼想的，就請她說說看為什麼這樣做，只見她又急急忙忙的塗掉，再改成 9 － 7 ＝ 2，最後索性就這樣子交卷。

綜合問題診斷

- 琪琪的數學計算能力不錯，經過許多的練習後，自己歸納出一些表面策略，解文字題時只要能搜尋關鍵字，不用看完題目，也能很快地決定運用哪些運算法，多數時候可以成功解題，但有時會出錯。此時她主要的問題是「搜尋關鍵字並運用表面策略解題」。
- 當琪琪面對一連串的題組時，原先熟練的運算能力完全無法發揮，這是因為當題目敘述變長、概念增多或同時需運用多種以上的運算法，容易超過孩子的認知負荷。此時她的主要問題是「認知負荷超載」。
- 琪琪解文字題時常會胡亂猜，可能問題包括：做文字題時，習慣看老師或家長的臉色作答；無法理解文字題的語意結構；雖會運算加減法，卻沒有建構出加法、減法或乘法的意義等。

問題分析 8-4：運用表面策略來解題

「哥哥有 20 顆彈珠，妹妹有 30 顆彈珠，請問他們總共有多少顆彈珠？」

觀察琪琪解答「彈珠問題」的過程，可發現只要遇到題目有「共有」、「總共」、「合起來」等詞，她都能很快知道要用加法；有「用掉」、「花掉」、「少多少」等詞，也能很快用減法。可見，琪琪在解文字題時，通常藉由自己所歸納出的關鍵字，決定運用何種運算法。她的主要問題是「**運用表面策略來解題**」。

策略 8-4-1　偵測學生使用的關鍵字

為了解琪琪自己歸納出哪些表面策略，老師可嘗試出含有不同關鍵字的各種題目（搭配練習 **8-4-1**），包括：「加起來」、「總共」、「合起來」、「花掉」、「少多少」等。藉由琪琪解題的過程中，觀察她對哪些關鍵字的反應特別快、她是否用鉛筆圈起關鍵字，或是當唸到關鍵字時就停止並開始解題，進一步了解這些關鍵字對她解題的影響。讓學生在解題過程中，練習不要急著作答，而能先停下來想一想，用自己的話說一說題目的意思，再開始解題的運算過程。此外，也可幫助學生發現自己正使用哪些關鍵字，以更深入了解自己的解題歷程。

【練習 8-4-1】偵測學生使用的關鍵字（老師和家長使用）

說明：藉由學生解題過程，觀察他對哪些關鍵字反應特別快，也可請他說一說選擇運算法的理由。

❧ 請學生做一做下面的題目。

練習題：花花原來有 30 元，買餅乾花掉 20 元，請問她還剩下多少錢？

練習題：小明家有 25 雙鞋子，小美家有 16 雙鞋子，請問他們兩人家裡總共有多少雙鞋子呢？

練習題：小華現在 8 歲，小華的爸爸現在 42 歲，請問小華比爸爸少多少歲？

練習題：一瓶果汁 8 元，一塊蛋糕 15 元，姊姊買了 2 瓶果汁和 3 塊蛋糕，請問加起來共需要多少錢？

策略 8-4-2　發現表面策略的限制性

以琪琪的例子來說，她可能會發現關鍵字策略相當好用，十之八九都能又快又正確的做完題目。當她覺得這些表面策略通常可成功解題後，更容易增強她下次再用表面策略的意願；如果題目中沒有關鍵字，她就不願意思考或不知如何解題，甚至隨意猜測解題方法。此時老師可提供一些意思相同，「沒有包含關鍵字」的題目（搭配練習 8-4-2.1、練習 8-4-2.2、練習 8-4-2.3），例如：「哥哥有 20 顆彈珠，妹妹有 30 顆彈珠，他們把所有彈珠放入瓶子，請問這個瓶子裡有多少顆彈珠？」讓她在解題過程中，發現表面策略並無法適用於每個題目，了解表面策略的限制性，增加她去理解題目情境的可能性。

【練習 8-4-2.1】表面策略的限制性──發現（師生共同使用）

說明：學生使用沒有包含關鍵字的題目後，可再練習含關鍵字卻用相反解題策略的題目，以了解關鍵字對解題的限制性。

練習題：小華的身高是 92 公分，小玉比小華多 5 公分，請問小玉的身高是幾公分？

請列出式子並算出答案：

練習題：小華的國語考 92 分，國語比數學多 5 分，請問小華的數學分數是幾分？

請列出式子並算出答案：

❧ 想一想，為什麼「比什麼多」有時需要用加法，但有時需要用減法呢？

【練習 8-4-2.2】表面策略的限制性——列式（師生共同使用）

說明：老師可藉由觀察學生解題的過程，發現學生對哪些關鍵字的反應特別快，並讓學生多練習沒有包含關鍵字的題目，等學生熟練後，再進入下一頁練習。

練習題：哥哥有 20 顆彈珠，妹妹有 35 顆彈珠，他們都把自己的彈珠放入一個空瓶中，請問這個瓶子裡有多少彈珠？

請列出式子並說明為什麼用這種計算方法：
（可以用各種方式了解題目，如：問問題或相互討論）

練習題：小紅想買一本 108 元的紀念冊，但她只有 25 元，請問小紅再有多少錢就能買這本紀念冊？

請列出式子並說明為什麼用這種計算方法：
（可以用各種方式了解題目，如：問問題或相互討論）

【練習 8-4-2.3】表面策略的限制性——解題（學生使用）

說明：請練習下列題目。

練習題：小明有 5 本書，小明和小美兩個人總共有 12 本書，請問小美有幾本書？

請列出式子並算出答案：

練習題：哥哥買餅乾用掉 15 元，妹妹買玩具用掉 40 元，請問他們兩人花掉多少錢呢？

請列出式子並算出答案：

練習題：英英有 120 元，還差 18 元就可以買這本書，請問買這本書需要花掉多少錢？

請列出式子並算出答案：

策略 8-4-3　驗算

當學生透過改寫題目的練習，能解答反向敘述題時，例如：面對文字題「哥哥和妹妹兩人加起來共 20 歲，哥哥現在 12 歲，請問妹妹現在幾歲呢？」已能運用 20 － 12 的減法運算，獲得妹妹現在 8 歲的正確答案。此時，可再鼓勵學生對這個答案進行驗算，再次驗算哥哥和妹妹現在的歲數加起來是否是 20 歲。透過驗算的過程，學生有機會再一次從不同的方向來了解題目意思，增加他從正面與反面看題目的機會，更能了解題目運算過程的可逆性原則，掌握不同敘述方式的題目（搭配練習 8-4-3）。

【練習 8-4-3】驗算（學生使用）

說明：請依照 8-4-2 得到的答案進行驗算。

練習題：小明有 5 本書，小明和小美兩個人總共有 12 本書，請問小美有幾本書？

請驗算：

練習題：哥哥買餅乾用掉 15 元，妹妹買玩具用掉 40 元，請問他們兩人花掉多少錢呢？

請驗算：

練習題：英英有 120 元，還差 18 元就可以買這本書，請問買這本書需要花掉多少錢？

請驗算：

問題分析 8-5：文字題過長，超過孩子的認知負荷

花花的生日，小英、阿文和大年三個人幫她慶生，討論買禮物的事，小英說：『我有 20 元，可以買一本筆記本。』阿文說：『一枝鉛筆 5 元，我的錢剛好可以買 3 枝。』大年說：『如果我們三個人把錢合起來，就可以買到 50 元的禮物了。』

⑴請問阿文有多少錢？⑵請問大年有多少錢？

面對上述一連串的題組，或是文字敘述較長的題目，琪琪原先熟練的運算能力完全沒有辦法發揮作用。這是因為當題目的敘述變長、概念增多、或同時需運用多種以上的運算法時，容易使琪琪的「認知負荷超載」，因而影響她的解題表現。這可能是因為老師出的文字題過長，超過孩子的認知負荷；題目中的每個句子太長，孩子無法掌握題意；一個文字題中同時混合多種的解題策略等。

策略 8-5-1　生活情境題的內容盡量精簡

我們常可發現數學文字題敘述冗長，題目中有很多和解題過程或題目背景無關的敘述，為避免增加學生太多的認知負荷量，學生剛學習新單元尚未熟悉時，數學文字題的敘述應盡量精簡，避免與所要測量的概念無關的訊息（搭配練習 **8-5-1**）。此外，如果文字題中的敘述句過長，常容易導致學生需花相當大的力氣來看題目，甚至在花很大力氣後，仍無法理解題目的意思，因而影響選擇運用的解題方法或意願，使其數學表現不佳。因此，老師或家長出題時，題目敘述要盡量精簡，避免與解題過程或題目背景無關的訊息，以免增加學生太多的認知負荷量。

【練習 8-5-1】精簡文字題的練習（老師使用）

說明：練習將題目敘述精簡，避免無關訊息。

例　題：今天是花花的生日，小英、阿文和大年三個人幫她慶生，討論買禮物的事，小英說：「我有 20 元，可以買一本筆記本。」阿文說：「一枝鉛筆 5 元，我的錢剛好可買 3 枝。」大年說：「如果我們三個人把錢合起來，就可以買到 50 元的禮物了。」⑴請問阿文有多少錢？⑵請問大年有多少錢？

改　成：小英說：「我有 20 元，可以買一本筆記本送給花花。」

阿文說：「一枝鉛筆 5 元，我的錢剛好可以買 3 枝。」

大年說：「如果我們三個人把錢合起來，就可買到 50 元的禮物了。」

1. 請問阿文現在有多少錢？ *2.* 請問大年現在有多少錢？

練習題：媽媽去逛百貨公司，在一樓看到一頂帽子 130 元，一雙鞋子 250 元，又在二樓看到一套衣服 320 元，一雙襪子 50 元。媽媽決定幫姊姊買一頂帽子，幫弟弟買 2 雙鞋子，再幫爸爸買 3 雙襪子。請問媽媽總共花掉多少錢？

改　成：____

____

____

____

策略 8-5-2　將一個大題目分成數個小題目

一次給太多的文字或概念對琪琪來說，可能耗費她很大的工作記憶量，不但使她無法理解問題，也不知道要用何種解題策略，而影響她正常的解題表現。因此，需將題目區分為數個小區塊，把一個大題目分成數個小題目呈現，每個小題目包含較單純的概念或運算法，等到學生相當熟練後，再逐步聯結數個區塊（搭配練習 8-5-2）。例如：開始時，可先問「買一枝筆要 5 元，琪琪買了 3 枝，她花了多少錢？」當學生熟練後，再問「買一枝筆要 5 元，琪琪買了 3 枝，媽媽給琪琪 50 元，她還剩多少錢？」

【練習 8-5-2】分析文字題的練習（老師或家長使用）

說明：將一個大題目分成數個小題目。

練習題：小英說：「我有 20 元，正好可買一本筆記本。」，阿文說：「一枝鉛筆 5 元，我的錢剛好可以買 3 枝。」大年說：「如果我們三個人把錢合起來，就可買 50 元的禮物。」

⑴請問阿文現在有多少錢？⑵請問大年現在有多少錢？

請分為小題目：

1. ____________________

2. ____________________

練習題：媽媽去逛百貨公司，先買了一套運動服 150 元，因為一頂帽子比一套運動服便宜 50 元，媽媽又買了二頂帽子，請問媽媽共花掉多少錢？

請分為小題目：

1. ____________________

2. ____________________

3. ____________________

問題分析 8-6：不知如何思考問題，只好胡亂猜題

「弟弟有 9 枝鉛筆，媽媽又給他 7 枝，請問弟弟現在有幾枝鉛筆呢？」

琪琪解文字題可以說是完全胡亂猜，就像解上述「鉛筆問題」時，她似乎對「又給他」三個字無法理解，所以，此時她遇到的困難可能有：無法理解文字題的語意結構，不知道「又給他」的意思；沒有建構出加法、減法或乘法的意義。做數學文字題時，習慣看老師或家長的臉色作答。因此，**老師或家長首先需要找出學生的問題所在，再運用適當策略協助學生。**

策略 8-6-1　動手操作法或繪圖法

以琪琪為例子，為讓琪琪能了解「又給他」這三個字的意思，可運用一些隨手可得的具體實物（例如：鉛筆、作業簿、硬幣等），讓學生實際動手操作，將題目的語意具體化（搭配練習 8-6-2.1、練習 8-6-2.2）。剛開始，可由老師邊示範邊搭配句子，例如：一邊說「老師先給琪琪 2 個硬幣」，一邊給她 2 個硬幣；說「老師又給琪琪 5 個硬幣」的同時，再給她 5 個硬幣。數次後，可由學生發給老師硬幣，並搭配句子說明動作，直到了解語意為止。

策略 8-6-2　結合題意與解題策略的關係

由於學生不了解題目所要問的意思，也未建構出加法、減法與乘法的意義，使得孩子在解題的過程中，常憑著自己的感覺或觀察父母或老師的臉色，來決定所要運用的解題策略。此時可用各種運算法中一些典型的題目，幫助孩子比較加法、減法和乘法之間不同的地方，並在他選擇解題策略後，讓他說說看為什麼這樣做的理由，幫助他了解題意和解題方法的關係，增強他在解題過程中的信心，了解針對某題使用某種策略的理由與適用性，減低對解題方法選擇的猜測（搭配練習 8-6-2.1、練習 8-6-2.2）。

可搭配運用的策略包括：

【個案一】策略 8-1-1、策略 8-2-2、策略 8-3-3、策略 8-3-4

【個案二】策略 8-4-1、策略 8-4-3

【練習 8-6-2.1】綜合策略的練習⑴（師生共同使用）

說明：老師可透過前述策略或練習，先找出學生可能的問題，並運用適當的策略幫助學生。

練習題：小華家走到學校要 36 分鐘，從學校走到文具店要 8 分鐘，請問從小華家經過學校走到文具店共要多少時間？

❧ 針對題目，請運用下列各種策略進行練習：

【個案一】

策略 8-1-1　重述題意

策略 8-2-2　具體操作或繪圖法

策略 8-3-3　增加討論互動的機會

策略 8-3-4　自詢策略

【練習 8-6-2.2】綜合策略的練習⑵（師生共同使用）

說明：老師可透過前述策略或練習，先找出學生可能的問題，並運用適當的策略幫助學生。

練習題：哥哥現在有 32 元，妹妹的錢是哥哥的 2 倍，請問哥哥和妹妹兩個人共有多少錢？

❧ 針對題目，請運用下列各種策略進行練習：

【個案二】

策略 8-4-1　偵測學生使用的關鍵字

策略 8-4-3　驗算

第三篇

學習行為適應與親子共讀

學習行為適應

李麗君

個案一：小南

小南今年八歲，就讀台北縣某國小二年級，在家是長子，下有一弟一妹，弟弟上幼稚園大班，妹妹三歲。父親上班是採輪班制，上班時間不固定，且經常要輪晚班。家務主要由母親負責，因為父親在家時間不定，母親則忙於家務及照顧弟弟妹妹，無暇關心及注意小南的學習狀況及課業，所以小南的生活作息無規律，生活習慣不佳，放學回家後不是看電視、就是躲在房間看漫畫書、玩遊戲卡，功課常是父母親再三催促下才會去做，但是因為父母沒時間在旁邊盯小南做功課，所以小南即使被要求去寫功課時，也總是邊寫邊玩，所以寫作業的時間拖得很長，往往寫完作業時已經過了晚上十點。

小南在學校上課的表現也令老師很頭痛。他上課時很不專心，經常忘記寫作業或帶東西。作業字跡潦草、內容敷衍了事，也經常寫錯字或漏寫字，數學題則常常忘記進位、退位，或是抄錄錯誤。

綜合問題診斷

- 小南的父母親因為工作、家務繁忙，沒時間注意小南，致使小南在放學後總是看電視，或是躲在房間裡看漫畫書、玩遊戲卡，功課則是家人催了之後才會去做。所以，小南的問題是**生活缺乏規律**。
- 小南寫功課時總是邊寫邊玩，功課總是寫到很晚，上課也不專心，所以小南的問題是**寫功課或上課時容易分心**。
- 小南總是要家人再三催促才會去做功課。所以小南的主要問題之一在於**需要別人督促，十分被動**。
- 小南的作業字跡潦草、內容敷衍了事，又常寫錯字、漏寫或抄錯，此時除了要了解他是否有閱讀的障礙外，小南也可能是個性上比**較粗心**。

問題分析 9-1：生活缺乏規律

小南的父母親因為工作、家務繁忙，沒時間注意小南，致使小南在放學後總是看電視，或是躲在房間裡看漫畫書、玩遊戲卡，功課則是家人催了之後才會去做。所以，此時小南的主要問題是**生活缺乏規律**。

策略 9-1-1　利用「生活作息表」協助建立生活常規

為了幫助小南建立生活常規，老師可以與家長溝通，比照小南在學校上課有固定作息的方式，替小南訂定在家的生活作息表。但是考量小南父母工作、家務的繁忙，作息表不宜訂得太細，主要以全家幾個重要的生活作息來做區隔（如範例 9-1-1）。生活作息表一旦訂定後，請父母加以配合，能按時檢核小南是否按表作息，以共同幫助小南建立生活常規。

【範例 9-1-1】生活作息表

親愛的小南媽媽：

請您幫忙小南在家建立生活常規。以下是從週一至週五，以一週為單位的生活作息表，請您根據小南的實際作息按時來記錄，小南有做到的打✓，沒做到的打×，最後請您簽名後，請小南交給老師。謝謝您！

時　間	活　　動	日　期				
		/	/	/	/	/
12:00-2:00	午餐與休息					
2:00-4:00	做功課					
4:00-6:00	媽媽準備晚餐，幫忙照顧弟妹					
6:00-7:00	晚餐					
7:00-9:00	自由時間（洗澡、遊戲、整理書包）					
9:00	上床睡覺					

家長簽名：＿＿＿＿＿＿＿＿

策略 9-1-2　利用聯絡簿，親師共同督促

老師可以利用聯絡簿提醒家長小南每天待做的功課，家長也可利用聯絡簿將小南在家做功課的情況反應給老師，由親師共同督促，幫助小南按時做完功課。

問題分析 9-2：寫功課或上課時容易分心

小南寫功課時總是邊寫邊玩，功課總是寫到很晚，上課也不專心，所以小南的主要問題是寫功課或上課時容易分心。

策略 9-2-1　檢查是否有注意力缺失的問題

老師平日可以多記錄小南經常發生的行為，譬如「上課時分心」、「忘記帶作業」等，請輔導室專人幫忙檢測小南是否有注意力缺失的問題。

策略 9-2-2　減少學習環境的干擾源

老師可以建議家長，盡量讓小南寫功課的環境單純化，周圍不要有太多的雜物或干擾源，譬如漫畫書、遊戲卡，或是電視聲音等，減少讓小南分散注意力的機會。在學校時，老師也可以把小南的座位安排在遠離窗戶的位置，或是在上課時要求學生把不需要的物品收起來，減少學習環境的干擾源。

策略 9-2-3　提供一個固定寫功課的位置

老師也可以建議家長，幫小南安排一個固定寫功課的位置，要求他在這個位置寫功課，讓他漸漸習慣這是寫功課的地方，不是玩的地方，逐漸幫助小南養成在這個位置上專心寫功課的習慣。

問題分析 9-3：需要別人督促，十分被動

小南總是要家人再三催促才會去做功課。所以此時小南的主要問題是需要別人督促，十分被動。

策略 9-3-1　訂定學習契約，培養自律習慣

針對小南被動的部分，老師可以與小南一同討論，訂定出一份「小南的學習契約書」。討論中主要是針對學習的目標、要完成的事項、完成的期限、由誰來檢核完成的情況、完成後的獎勵方式、期限到時仍未達成目標的處理方式等加以確認。各項細節經過老師及小南二人同意後寫下契約，請小南公開宣讀並簽名後開始執行，倘若達成目標後將可以獲得老師公開的表揚，頒發獎狀以及其他事先協議好的獎勵（學習契約書及獎狀範例請參見範例 9-3-1.1、9-3-1.2）。

【範例 9-3-1.1】學習契約書

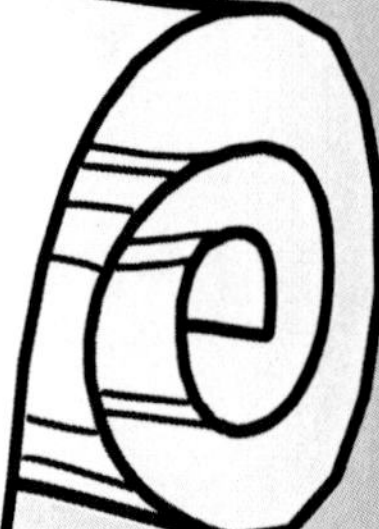

我的學習契約書

我，小南要在這個學期當中，完成以下的事情：

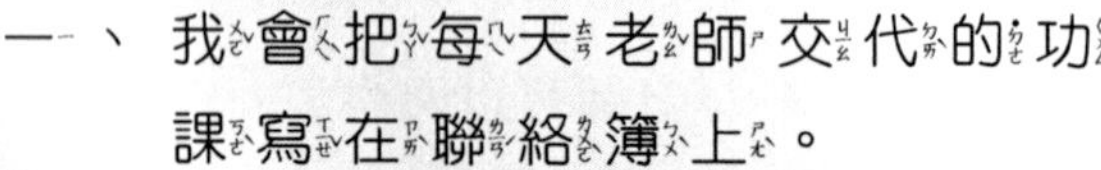

一、我會把每天老師交代的功課寫在聯絡簿上。

二、我會每天按時把功課做好。

三、我會每天把聯絡簿給爸爸媽媽簽名。

四、我會每天認真寫功課，不會邊寫邊玩。

五、我會在每天上床睡覺前，檢查我是否都帶了明天要帶的東西。

簽名：

日期：

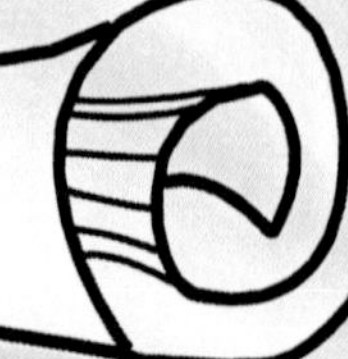

【範例 9-3-1.2】獎狀

獎狀

小南在二年級下學期成功的完成他的學習契約，表現優異，特別頒發此獎狀，作為獎勵。

學校老師：

中華民國　年　月　日

優

問題分析 9-4：粗心

小南的作業字跡潦草、內容敷衍了事，又常寫錯字或漏寫，此時除了要了解他是否有閱讀的障礙外，小南也可能是個性上比較粗心。

策略 9-4-1　提醒做完要檢查

老師可以在學生做作業或考試時，口頭上或在指導語上提醒學生寫完以後要自我檢查一遍，幫助學生養成自我檢查的習慣。同時為了確定學生有檢查，請學生在檢查完後打個星星記號。

策略 9-4-2　利用「找錯活動」，建立細心的習慣

小南之所以粗心，是因為沒有機會讓他學習要細心。老師可以設計一個活動，讓同學輪流擔任「找錯糾察員」，要同學互相檢查寫的作業是否有漏字或錯字，如果有找到其他同學錯誤的地方就可以獲得老師的獎勵；反之，如果被其他同學找到有錯誤的就要重寫。因此，小南在寫作業時必須要更加細心，以免被其他同學找到錯誤而受罰；另外當小南在擔任「找錯糾察員」時，也必須要仔細的看別人的作業，以獲得老師的獎勵。在這種同儕互相激勵的活動下，應可幫助小南在寫作業時更加細心與用心。

個案二：小義

小義今年二年級，在家是長子，下面有一個弟弟，今年五歲。父親在一家公司上班，母親為家庭主婦。弟弟因為身體不好，父母親經常需要帶弟弟上醫院，有時還需要住院。父母親因為需要長期照顧弟弟，所以對小義的關注較少。小義在家則常因為寫功課、吃飯或洗澡動作太慢遭父親責罵，甚至曾被罰不准吃飯。

小義在學校也有拖延的習慣，經常遲交作業，甚至未交作業；上課寫字、練習等活動也常常動作緩慢；上課時遲進教室更早已是習以為常的事。每次小義遲進教室時還會對著同學扮鬼臉，引起全班同學哄堂大笑。由於遲交與遲到一再發生，所以常被老師罰罰站，但由於被罰太多次，小義早已麻痺，毫不在意被罰站，所以拖延和扮鬼臉的事情一再發生。

綜合問題診斷

- 小義做很多事都有動作緩慢的問題，可能需要先確定小義是否有知覺動作的問題。
- 如果經專家檢測小義沒有知覺動作的問題，小義的問題可能是心理因素造成。根據對小義家庭狀況的了解，小義的弟弟因為身體不好，父母親把大部分的心力都放在弟弟身上，可能因此導致小義缺乏安全感，因此利用動作緩慢來吸引父母親的注意力。由於同樣情形也發生在學校。所以小義的問題可能是**需要別人的關心與注意**。
- 小義總是遲交作業或遲進教室，在家也是動作慢，所以小義的問題是**喜歡拖延**。
- 小義經常被罰站，早已習以為常，所以罰站對小義已起不了作用。此時小義的問題是**懲罰的方式無法改善行為**。

問題分析 9-5：需要別人的關心與注意

因為父母親把關注力都放在弟弟身上，可能因此導致小義缺乏安全感，因此利用動作緩慢來吸引父母親的注意力。由於同樣情形也發生在學校，所以小義的問題可能是**需要別人的關心與注意**。

策略 9-5-1　忽略不當行為

針對小義總是在遲進教室時會扮鬼臉來吸引他人注意，老師可以請同學對小義這種不當行為不予理會，讓小義久而久之因為沒人對他的扮鬼臉行為有所反應，而逐漸產生消弱。

策略 9-5-2　給與表現機會

針對小義希望藉由吸引他人注意來滿足自我安全感的部分，老師可以給與小義上台表現的機會，譬如在課堂中需要有角色扮演的活動，主動邀請小義上台表演，或是上課時請小義上台寫答案，凡表現良好時，在同儕面前給與他肯定。

策略 9-5-3　請家長多給與關注

小義的父母為了要照顧小義的弟弟，所以長期忽略小義。老師可以提醒家長，平日還是需要對小義多加關注。雖然在時間分配上，可能父母仍必須多花時間在弟弟身上，但是在平日父母仍可藉由詢問小義學校的學習狀況，讓小義感受到父母仍然很關心他；父母也可以找些事情請小義幫忙，並且在完成後多給與肯定，讓小義感覺自己在這個家中的重要性。

策略 9-5-4　老師平日也多給與關心

老師可以利用課餘或是在聯絡簿上多給小義言語上或文字上的關心，譬如天氣有點涼了，提醒小義把外套穿起來，或是在聯絡簿上寫說小義今天的表現很好，讓小義感覺到老師其實有注意到他。

策略 9-5-5　告知不當行為並不是可以獲得別人關心或注意的正確方法

小義採取拖延或扮鬼臉的方式來吸引別人的關心或注意，老師可以告訴小義，每個人都希望別人關心自己，注意到自己，可是如果用不當的方法，像是拖拖拉拉、遲交作業、晚進教室等，或許這些行為一開始會吸引到別人的注意，但是這些行為也會讓別人感到生氣，所以會因此不喜歡小義，不想跟他做朋友。另一方面，老師也可以舉班上一位很受大家歡迎的同學為例，並強調這個同學很守規矩，從來不遲到、不遲交作業，大家都很喜歡跟他做朋友，讓小義體會到不應該用一些不當的行為來吸引別人的注意。

問題分析 9-6：喜歡拖延

小義總是遲交作業或遲進教室，在家不論是寫功課、吃飯、洗澡也都是動作慢，所以小義的問題是**喜歡拖延**。

策略 9-6-1　告知拖延的壞處與後果

老師可以利用小義感興趣的主題來跟他討論拖延可能帶來的問題，譬如小義很喜歡看某一個卡通，如果卡通是五點鐘開始播出，而小義拖拖拉拉，五點半去看就來不及了。

老師也可以用假設的故事和小義討論一個人的拖延可能會給其他人帶來困擾。譬如全班要去旅行，結果因為小義遲到，所以全班為了等他，沒有搭上火車，行程受到影響，大家都很生氣，然後都會怪到小義身上，大家於是都不喜歡跟他做朋友。

策略 9-6-2　利用角色扮演，親身體驗拖延給別人帶來的困擾

老師可以設計一個情境，讓小義親身去體會，當他跟人家約定好時間，結果人家遲遲不來，他的感受如何？

策略 9-6-3　體驗準時的好處

老師可以利用課程活動，要求學生要在一定時間內完成，只要按時完成的學生都可以選一項獎品，沒有及時完成的，就不能得到獎品。

策略 9-6-4　安排速度比賽的活動

老師在教學中可以安排比速度的活動，譬如搶答，或是分組活

動，先完成的一組有獎品，讓小義在獎勵與同儕互相督促下，加快速度。

策略 9-6-5　鼓勵自我競速

在寫習作或練習時，老師可以先根據小義目前的速度，定出合理的完成時間，譬如在五分鐘內完成十題的計算題，然後鼓勵小義跟自己競賽，如果可以提前把十題計算題都做好，老師就會給與獎勵；或是原先是五分鐘做十題，老師在同樣時間內，逐步增加題目，如果小義可以在同樣時間內寫完更多的題目，老師也同樣給與獎勵，透過這種方式訓練小義加快速度。但是在運用這種策略時，必須注意不要因為求快而忽略品質，因此老師在要求小義完成習作時間的同時，也應注意小義在習作時不會因為求快而敷衍了事。此外，要求完成習作的時間也應隨著習作的難易有所彈性調整。

問題分析 9-7：懲罰的方式無法改善行為

小義經常被罰站，早已習以為常，所以罰站對小義已起不了作用。此時小義的問題是懲罰的方式無法改善行為。

策略 9-7-1　獎勵良好行為

當小義出現老師期望的良好行為時，譬如準時進教室，或是作業準時繳交時，老師都給與稱讚、獎勵，以增強其良好的行為表現。

策略 9-7-2　採取剝奪性的懲罰

小義對於老師目前採用的懲罰方式（如罰站）毫不在意，老師可以採取剝奪性的懲罰，以剝奪小義喜歡的活動作為懲罰，譬如小義下課時很喜歡去操場玩，老師可以採用不准小義去操場玩這件事來作為懲罰的方式，所以如果小義每當遲交作業或遲進教室就要被老師記點，如果連續三天都被記點，下課就不可以出去玩。

個案三：志偉

志偉是家中的獨子，目前是小學二年級。父母親教育程度不高，主要是以擺麵攤為生，通常晚上都要到十點以後才回家，假日也都要去做生意。志偉平常是由祖母料理生活大小事，祖母因為年紀大了，所以對志偉的管教較為鬆散。志偉回到家都是先玩，不會主動去寫功課，往往要等到吃完晚飯，祖母再三催促後才會去寫，但是寫的時候又經常邊寫邊玩，所以每天寫功課都會寫到很晚。每當父母親回到家發現志偉功課還沒做完，或是考試成績不佳時即對他責罵。

志偉上課時很不專心，經常找鄰座同學說話，影響上課秩序。剛開始時，其他同學也會跟他說話，但經老師制止，別人不跟他說話後，志偉則轉而經常看窗外，或是不時的撿拾掉在地上的物品。

志偉的學業成績不理想，各科幾乎都是班上最後幾名，在數學方面，九九乘法經常背錯，國語方面則常寫錯別字。課堂練習時他總是敷衍了事，下課時請小朋友教他，他也不會很專注，只想出去玩。

另一方面，志偉很喜歡上體育課，尤其是各種球類的活動，他都會很積極的參與，和他在上其他課的樣子判若二人。

綜合問題診斷

- 志偉上課不專心，經常找鄰座同學說話，影響上課秩序，或是看窗外等，此時宜先確定志偉是否有注意力缺失的問題。
- 如果志偉並非注意力缺失的問題，可能是外在刺激太多，造成注意力分散，此時志偉的問題是需要引導，以幫助注意力的集中。
- 志偉除了因外在刺激造成注意力分散外，也可能是因為對學習不感興趣而導致上課不專心。

➡ 志偉做功課時經常邊寫邊玩，或是敷衍了事，其主要問題可能是**喜歡玩，不喜歡學習、做功課**。

➡ 志偉因為功課經常未好好做，成績不佳，屢遭父母親責罵，讓他討厭做功課及學習。此時志偉的問題是**責罵致使對做功課、學習產生厭惡**。

➡ 志偉因為成績不佳，幾乎都是全班最後幾名，又常遭受責罵。此時志偉的主要問題是**缺乏成就感，對學習產生挫折**。

問題分析 9-8：需要引導，以幫助注意力的集中

志偉上課不專心，會跟旁邊同學講話，或是看窗外，除了可能是注意力缺失的問題外，也可能是外在刺激太多，造成注意力分散，此時志偉的問題是需要引導，以幫助注意力的集中。

策略 9-8-1　直接以言語或動作引起注意

當老師發現志偉注意力分散的時候，可以直接叫志偉的名字或是走到他的面前，拍拍他的肩膀，或輕敲他的桌子，提醒他要專心。

策略 9-8-2　調整座位

老師可以把志偉的座位安排在遠離窗子邊，不要讓窗外的情境影響志偉；或是安排他坐在比較專心的同學旁邊，利用同儕來影響他；或是把他的座位調整到靠近講台的位置，讓他覺得老師隨時就在旁邊注意他，而必須專心上課。

策略 9-8-3　將學習任務分段呈現，循序漸進的引導完成

老師在教學中，可以把複雜的學習任務分段呈現，使每項學習任務單純化，讓志偉不需要同時思考太多事情，將注意力集中在單一問題解決上。

策略 9-8-4　縮短各項教學或學習活動的時間

老師所安排的教學或學習活動時間不宜太長，可以每隔十五分鐘左右換一種活動或方式，譬如老師可以先講十五分鐘的課，然後安排遊戲，要學生進行問題搶答，利用變化來吸引學生的注意力。

問題分析 9-9：對學習不感興趣而導致上課不專心

志偉的不專心，除了可能是外在刺激太多所造成，也可能是因為對學習不感興趣而導致上課不專心。

策略 9-9-1　將課程內容生活化或遊戲化，增加學習興趣

志偉會去找同學說話是因為對學習的內容失去興趣，老師在教學時可以用與志偉生活經驗相關的例子來進行教學；或是利用猜謎的方式導入課程，引起志偉對學習的好奇心；或是將整個課程內容與遊戲結合，吸引志偉對課程的注意力。譬如，老師在上課時，可以採用賓果遊戲的方式，先把課程重點或練習的題目分別列在幾張 3 × 3 的卡片中，分給學生，隨著上課或練習的進度，學生必須在賓果卡中找到老師上課的重點或答案，如果連成一條線就是「賓果」（參見範例 9-9-1），藉由類似這樣的遊戲方式讓志偉對課程內容產生興趣與專注力。

【範例 9-9-1】賓果遊戲實施步驟

1. 設計九項或九項以上的練習題目。

以數學課為例，老師希望學生練習加減法，提供的練習題如下：

(1) 59 + 31 = (　)　(2) 181 + 35 = (　)　(3) 273 + 38 = (　)

(4) 43 − 37 = (　)　(5) 35 + (　) = 48　(6) 47 + (　) = 62

(7) 76 − (　) = 29　(8) 93 − (　) = 27　(9) (　) + 38 = 102

(10) (　) − 34 = 57

2. 根據班上學生人數，製作相同數量 3 × 3 格的賓果卡，把九個不同的答案（可包含錯誤答案）分別寫在卡上的九個空格中。每張賓果卡的內容都不一樣。
3. 把這些賓果卡分別發給學生，並給每位學生九個彩色圓點小貼紙。
4. 老師在黑板上逐一寫下題目。
5. 請學生根據老師在黑板上出的題目，一一做答，如果答案在賓果卡上出現時，就可以貼上一個貼紙，並且把題目列在格子的下方。
6. 如果連續貼到三個水平、垂直或對角線的貼紙，就要舉手並喊「賓果」，經過老師核對正確後，先登記在黑板上。
7. 等到下課後，累積個人賓果的次數，給與獎勵。

甲生的賓果卡：

64 ○ (102 − 38)	90 ○ (59 + 31)	47 ○ (62 − 15)
6 ○ (43 − 37)	13 ○ (48 − 35)	63
83	16	212

乙生的賓果卡：

216 ○ (181 + 35)	23 ○ (57 − 34)	18
47	60	90 ○ (59 + 31)
65	321 ○ (273 + 38)	6 ○ (43 − 37)

策略 9-9-2　提供參與的機會

志偉對課程沒興趣，有可能是很多表現的機會都被其他同學搶走了，因此老師可以多提供志偉對課程參與的機會，譬如讓他在遊戲中擔任記分員，或是在角色扮演中擔任其中一個角色，讓志偉有參與的機會，也讓他感受自己的重要性。

策略 9-9-3　獎勵認真上課聽講的行為

老師可以利用「學習行為紀錄表」（如範例 9-9-3），記錄志偉的學習行為，尤其可以把「上課認真聽講」當作其中一項，如果表現良好即給與獎勵，以增強他認真聽講的行為。

【範例 9-9-3】學習行為紀錄表

說明：請老師依照志偉的學習行為給與評量，如果表現良好時，就給「☺」；如果表現不好時就給「☹」。如果一個禮拜中，累積五個☺，就可以得到一張獎卡，集滿五張獎卡就可以換一個老師提供的獎品；如果一個禮拜累積五個☹，就罰他下課不可以出去玩。

➽按時繳交作業	☺ ☺
➽作業字跡工整	☹ ☹
➽上課專心聽講	☺ ☹ ☺
➽上課回答問題	☺
➽學習表現進步	☺

問題分析 9-10：喜歡玩，不喜歡學習、做功課

志偉在做功課時經常邊寫邊玩，或敷衍了事。此時志偉的主要問題是喜歡玩，不喜歡學習、做功課。

策略 9-10-1　利用喜歡的活動來強化做功課的行為

志偉不喜歡做功課，喜歡玩，尤其喜歡球類活動。此時可以利用志偉喜歡的球類活動來強化他做功課的行為。父母或老師可以跟志偉說：「只要你寫好功課，就可以讓你打球。」志偉為了可以出去打球，所以會快快把功課寫好。

問題分析 9-11：責罵致使對做功課、學習產生厭惡

志偉因為功課經常未好好做，成績不佳，屢遭父母親責罵，讓他討厭做功課及學習。此時志偉的問題是**責罵致使對做功課、學習產生厭惡**。

策略 9-11-1　改用獎勵取代懲罰

對志偉而言，功課、成績伴隨而來的是責罵，他自然會把功課與成績視為是不愉快的經驗，因此父母親或老師愈是責罵志偉，愈是強化他對做功課、學習的厭惡感。因此如果改採獎勵的策略，只要志偉有出現良好的行為或表現時（不管是否已達到老師的標準），就給與鼓勵和肯定，將有助於建立志偉對做功課與學習的好感與興趣。

問題分析 9-12：缺乏成就感，對學習產生挫折

志偉因為成績不佳，幾乎都是全班最後幾名，又常遭受責罵。此時志偉的主要問題是缺乏成就感，對學習產生挫折。

策略 9-12-1　分散作業，減輕對作業及學習的心理負擔

對志偉而言，因為一再的挫敗所以會覺得學習是很沉重的壓力。老師可以將志偉的作業分成小單元，讓志偉分段逐步完成，以減輕他對作業與學習的心理負擔。

策略 9-12-2　利用反覆練習原則，按部就班，幫助分別達成精熟學習

志偉的成績總是在最後幾名，表示志偉對很多學習內容不夠精熟，需要補救教學。在補救教學中，老師可以多給志偉一些相同型式的例題，讓志偉反覆練習，直到達成精熟為止，再進入到下一單元。譬如志偉的九九乘法還不夠熟練，會對「7 × 6」與「9 × 6」產生混淆時，老師給志偉的練習應該就以「乘數為 6」的習題為主，先以固定累加的方式讓志偉反覆練習，確定志偉可以精熟的分辨乘數為 6 的型式與答案：「2 × 6」、「3 × 6」、「4 × 6」、「5 × 6」、「6 × 6」、「7 × 6」、「8 × 6」、「9 × 6」；接下來再給「乘數」不是固定累加的例題，如「4 × 6」、「7 × 6」、「5 × 6」等，確定精熟後再進入到更複雜的例題。

策略 9-12-3　降低期望水準，提高成功機會

志偉的成績不佳，老師不應對他與其他同學寄予相同的期望水準，以免志偉覺得老師對他的期望過高，無法達成，乾脆放棄。老師可以依志偉目前的學習表現彈性訂定對志偉的期望水準。譬如其他同學必須要全部答對，老師才會加分，但是志偉如果可以答對 80% 也可以加分，提高讓志偉成功的機會。

策略 9-12-4　多給與正增強，並肯定其努力

相較於班上其他同學，志偉因為成績不佳，受到正增強的機會較少，因此長期下來，對學習失去興趣，也造成負面的自我概念。老師應找機會給與志偉正增強，不要過於苛責志偉未達成或未做到的部分，而是去肯定他做對或做好的部分。譬如志偉在一次考試中，成功的做出其中一題應用題，雖然他的成績在班上可能仍是排在後面，但是老師可以特別在班上稱讚志偉答對的部分，藉由稱讚、獎勵，逐漸建立志偉對自己的自信心。另外，老師在稱讚學生時，應盡量避免用：「你好聰明呦！」的言辭，避免志偉把自己的成敗歸因為本身能力問題；反之在言辭上應更具體的肯定志偉努力的部分，讓志偉建立「只要努力就可以成功」的想法。譬如：「志偉在這次的作業中，每個字的筆劃都寫對，而且每個字都寫在格子裡，非常整齊。」

策略 9-12-5　提供成功表現的機會

為了建立志偉對自己的自信心，老師可以在上課時把一些比較容易回答、且確定志偉可以答對的問題請志偉來回答，並肯定他的表現，幫助志偉累積成功的經驗。

個案四：美芳

美芳目前就讀台北縣某國小一年級，她的身材瘦小，是個文靜的女孩，她在家排行老二，上面有一個哥哥，目前念小五，沒有弟妹。美芳的父母親都在上班，無法到校接她回家，所以中午下課後她都是留在學校等哥哥下午下課後再一起回家。哥哥下課時雖然會去找妹妹一起回家，但是一路上都是跟自己的同學邊走邊聊，美芳則是跟在哥哥後面自己一個人走。在家中，美芳與父母、哥哥的互動也不多，家庭訪問時，美芳的父母認為美芳只是不太愛說話，其他並沒有太多的問題。美芳的學業成績表現在班上屬於中下。她在上課的時候很安靜，每次老師對同學說：「會答的請舉手！」時，美芳只有在老師提出很簡單的題目時才舉手。有時老師為了給她機會，主動點名請美芳回答，美芳通常都是站起來後先沉默一陣，要老師先給她提示，她才會跟著把答案說出來。在小組活動中，美芳也都很少表達自己的意見，大都是接受同組同學的意見來進行活動。

綜合問題診斷

- 美芳的父母因為要上班，所以照顧美芳的工作主要落在哥哥身上，但是哥哥喜歡跟自己的同學在一起，不會特別去注意美芳，美芳主要是靠自己，因此十分文靜，不愛說話。所以美芳的問題是**缺乏與人互動的刺激**。
- 美芳在老師提出簡單問題時會主動舉手，但對比較困難的問題則不回答，表示美芳的學習是傾向以表現為目標導向，且在面對不一樣的任務時有不一樣的目標導向：對於簡單的問題會**趨向表現**，希望獲得認可；對於困難問題則**逃避表現**，避免答錯時讓別人認為自己愚笨。所以美芳的問題是**對自己沒信心、需要別人的認可以及將成敗歸因為能力**。

➠美芳在上課的行為與態度上十分被動，只有在簡單題目時才肯舉手回答；但大部分時候都不主動舉手、不主動回答，需要別人的提示才肯做答。所以美芳的問題是**採取避免失敗的動機取向**。

問題分析 9-13：缺乏與人互動的刺激

美芳從小因為父母上班、哥哥又喜歡跟自己的同學在一起，長久下來，美芳都是自己一個人，很少有人跟她講話。所以美芳的問題是**缺乏與人互動的刺激**。

策略 9-13-1　主動關心，協助建立對人產生信任感

美芳從小缺乏與人互動的刺激，所以在人際溝通的表現上是採取消極的不參與。為了改善美芳的這個問題，必須先與美芳建立良好師生關係，讓她對人產生信任感。老師可以採主動關心的方式與美芳接觸，每天從生活上的小事去關懷她、肯定她，比方看到美芳剪短了頭髮，就可以跟她說：「美芳，短頭髮很適合妳！」或是美芳的作業寫得很工整時，就對著全班說：「你們看！美芳的作業字寫得好整齊哦！」下課時，也可以請美芳幫忙收教具，並且肯定她的幫忙，藉由與美芳接觸與交談的機會，漸漸讓美芳感受到有人在關心她。

策略 9-13-2　提供與其他同學彼此接觸的機會，並肯定她的表現

老師可以請美芳幫忙收發作業，增加與其他同學彼此接觸的機會。當美芳達成任務後，肯定她的表現，讓美芳產生成就感。

策略 9-13-3　父母加強與孩子的溝通

讓父母了解，孩子需要父母的關心，每天回家一定要與美芳說說話，一方面讓她多開口，另一方面也可藉以了解她在學校的狀況，讓美芳感受到父母親對她的關心與注意。

問題分析 9-14：缺乏自信、將成敗歸因為能力

美芳在老師提出簡單問題時會主動舉手，但對比較困難的問題則不回答，表示美芳的學習是傾向表現目標，且在面對不一樣的任務時有不一樣的目標導向：對於簡單的問題會趨向表現，希望獲得認可；對於困難問題則逃避表現，避免答錯時讓別人認為自己愚笨。所以美芳的問題是**對自己沒信心、需要別人的認可，以及將成敗歸因為能力**。

策略 9-14-1　多多鼓勵與肯定

美芳回答問題時，老師可以在話語中多給與鼓勵，譬如：「加油！老師相信妳可以做到！」或是當美芳回答完問題後，對她說：「妳做得很好！」並請全班同學給她鼓掌獎勵。

策略 9-14-2　多讚美努力的行為

美芳把表現與能力劃上等號，因此老師在言語上應多針對學生努力的部分予以讚美與增強，譬如老師要求學生做課本上的習題，凡是有認真按照指示寫習題，或是習題寫得很工整的學生均予以讚美與肯定，讓美芳感受到**努力一樣可以獲得肯定**。

策略 9-14-3　教導學生自我肯定

美芳對自己沒有信心，需要別人的肯定，老師可以在一些學習任務完成後，另外填寫一張學習單，要學生寫下自己在進行該項任務時做了些什麼？覺得自己做得最好的部分是什麼？最後請學生給自己一句鼓勵的話（如範例 9-14-3），讓學生慢慢學會對自我肯定。

【範例 9-14-3】學習自我評估

我在做＿＿＿＿＿＿＿＿＿＿作業時，我做了：

1. ＿＿＿＿＿＿＿＿＿＿＿＿＿＿＿＿＿＿＿＿

2. ＿＿＿＿＿＿＿＿＿＿＿＿＿＿＿＿＿＿＿＿

3. ＿＿＿＿＿＿＿＿＿＿＿＿＿＿＿＿＿＿＿＿

4. ＿＿＿＿＿＿＿＿＿＿＿＿＿＿＿＿＿＿＿＿

5. ＿＿＿＿＿＿＿＿＿＿＿＿＿＿＿＿＿＿＿＿

在這個作業中，我覺得我做得最好的是：

＿＿＿＿＿＿＿＿＿＿＿＿＿＿＿＿＿＿＿＿

＿＿＿＿＿＿＿＿＿＿＿＿＿＿＿＿＿＿＿＿

＿＿＿＿＿＿＿＿＿＿＿＿＿＿＿＿＿＿＿＿

我覺得我還可以再努力做好的是：

＿＿＿＿＿＿＿＿＿＿＿＿＿＿＿＿＿＿＿＿

＿＿＿＿＿＿＿＿＿＿＿＿＿＿＿＿＿＿＿＿

＿＿＿＿＿＿＿＿＿＿＿＿＿＿＿＿＿＿＿＿

我給我自己鼓勵的話：

＿＿＿＿＿＿＿＿＿＿＿＿＿＿＿＿＿＿＿＿

＿＿＿＿＿＿＿＿＿＿＿＿＿＿＿＿＿＿＿＿

＿＿＿＿＿＿＿＿＿＿＿＿＿＿＿＿＿＿＿＿

策略 9-14-4　強化優勢部分，建立自信

美芳對自己沒有信心，老師可以先找出她比較強的部分，並給與肯定，以加強她對自己的自信心。譬如假設美芳很會畫圖，老師可以多在班上同學面前稱讚美芳的圖畫，或是請美芳幫忙畫班上園遊會的宣傳單或海報等，讓美芳感受到自己其實並非不如別人。

問題分析 9-15：採取避免失敗的動機取向

美芳上課的行為與態度上十分被動，只有在簡單題目時才肯舉手回答；但大部分時候都不主動舉手、不主動回答，需要別人的提示才肯做答。所以美芳的問題是**採取避免失敗的動機取向**。

策略 9-15-1　循序漸進提問，建立回答題目的信心

美芳只挑簡單問題回答，表示她害怕失敗，所以當題目較難，或是美芳不敢回答時，老師可以分段提出問題，讓美芳可以一步一步的分別回答，譬如在解數學文字題「小英有 16 元，她比小明多 7 元，請問小明有多少錢？」時，老師不要直接要求美芳算出答案，而是可以先問美芳：「這題裡面是小英還是小明的錢比較多？」確定美芳清楚二者間多寡關係後，再問美芳：「既然小明比較少，小英比較多，小明的錢應該比 16 元多還是少？」逐步導引美芳自己說出這題要用「16 － 7」來解題。在這中間，因為老師把問題拆成幾個簡單問題，所以美芳比較容易回答，也敢於回答。老師在這過程中也不斷給與美芳肯定，逐步建立她在回答問題上的信心。

策略 9-15-2　多給與類似題目，幫助達成精熟學習

美芳不敢回答，害怕答錯，可能是對於類似題型不夠熟練，因此老師在逐步引導美芳成功答題後，宜再多給與類似題目，幫助她對該類題目達到精熟的階段。

策略 9-15-3　針對不同難易度的表現給與不同程度的獎勵，鼓勵接受挑戰

美芳害怕失敗，所以只敢回答簡單問題。老師可以利用肯定或獎勵的增強方式來鼓勵美芳。但是在獎勵時，不能只看美芳是否有主動回答或是正確即給與獎勵，應該針對問題的難易度給與不同程度的回饋，譬如回答簡單題目是加一分，回答較為困難的問題則加二分或三分，以鼓勵美芳挑戰難度高的題目。

親子共讀

劉佩雲

個案：奇奇與妙妙

妙妙的媽媽很重視孩子的教育，雖然工作很忙，但對四歲的妙妙和念小學一年級的哥哥奇奇，心裡一直有個夢想：「希望孩子在床前故事的陪伴中入夢！」所以家裡買了一堆書。但是，到了晚上，媽媽還是有忙不完的事，床前故事常常就被犧牲掉了。有一天，媽媽看到書上說：「閱讀是學習的基礎，讀寫啟蒙教育和成功的閱讀計畫，確實影響著兒童的心智發展，而 **3-8** 歲正是奠定孩子自主閱讀能力的重要關鍵。研究顯示，人類有 **85%**的知識是通過閱讀而獲得的，而學童在國小三年級結束前，如果尚未具備基本的閱讀能力，未來在學習其他學科時，也都會碰到困難。」（柯華葳、游婷雅譯，**2001**）媽媽心頭一震，想，不能再拖了，從今天開始，一定要排除萬難，陪奇奇和妙妙一起閱讀，就從每晚的床前故事開始吧！但，好不容易執行了一、兩次後，問題慢慢浮現，有時孩子寧願玩別的，也不想讀書。勉強抓來一起閱讀，媽媽打開書照本宣科地唸，沒想到，才唸了一半，孩子就沒興趣了，或嚷著媽媽選的書不好看。媽媽覺得灰心又挫折，心中不禁想：難道孩子對閱讀沒興趣嗎？還是我的故事唸得太爛了？我還想藉機談一些人生哲理的話題呢，又怕太說教八股，造成反效果，但分享故事的意義與從中學到一些做人做事的道理，不也應該是閱讀的重要目的嗎？!

綜合問題診斷

奇奇媽媽的疑問包括：

- 共讀一定要正襟危坐，或在固定時間如在睡前進行嗎？
- 共讀時要如何選書？選些什麼書？
- 故事到底要怎麼講，需要一些技巧嗎？怎樣說故事才會吸引孩子呢？有沒有什麼好方法，可以不用強迫，就能讓孩子自然而然喜歡閱讀呢？
- 親子共讀是照著書唸完就好，還是要和小孩談些別的，像說些啟示，還是什麼做人處世的大道理之類的？

問題分析 10-1：親子共讀的時間

親子共讀隨時隨地皆可進行，如能持續睡前十分鐘的床前故事時間當然很好，讓孩子在安全溫馨的閱讀分享中入夢。但，不要變成壓力，偶爾一天不讀沒關係，媽媽不需有罪惡感，更不要把唸書當成威脅的工具：「你再不聽話，我就不唸故事給你聽」。親子閱讀可在任何時間、任何地點以任何形式進行，出門時，可以帶本書在車上看，沒帶書也可以看廣告、看捷運地圖，用餐時的菜單，都是很棒的親子閱讀素材，巧妙運用一樣有效果。

問題分析 10-2：如何選書？親子共讀讀些什麼？

讀些什麼書呢？有兩個建議：一、家中擺一些適合小孩年紀閱讀的書，讓他自己選。當然不一定都要自己買，到圖書館借書是一個不錯的選擇。二、根據孩子的興趣或閱讀能力選書，有時候可以觀察孩子目前的狀況或心理需求，選一本可能可以解決他的問題或滿足他心理需求的書與他共享。

問題分析 10-3：如何讓孩子自然而然愛閱讀

帶孩子閱讀，是沒有既定公式的，但有重點與基本原則可循，最重要的是一顆「赤子之心」，父母自己要先喜歡閱讀，常常閱讀，並願意放下身段、心無旁騖、挪出時間，很投入地像孩子般開開心心地一起享受閱讀的樂趣。「人與書並不是天生互相吸引，一開始，必須有說合媒介的角色」（沙永玲、麥奇美、麥倩宜等譯，2002），而父母如何做才能誘動孩子想讀書的胃口，勝任這個大媒婆的角色呢？研究發現影響學童想閱讀的因素有：先前和書接觸的經驗、與書或愛書人的互動、書籍是否就在身邊唾手可得、可以自主選擇想看的書（Palmer, Codling, & Gambrell, 1994）。所以，孩子身邊有愛讀書也常常讀書的大人就是以身作則的最好身教榜樣，讓孩子自己發現原來讀書是快樂的、是重要的，還可以搖頭晃腦、引經據典地說出很多有學問的話語。這樣耳濡目染，孩子自然而然也會成為愛書人，而大人也就不用催、喊、逼、抓、吼地想盡辦法關小孩進房「去給我讀書！」了。

問題分析 10-4：如何透過閱讀啟發孩子的思考？

親子共讀時要如何分享與討論，才能不說教又能啟發孩子思考？親子共讀時，父母不要急著發表長篇大論，先讓孩子說，學習傾聽，尊重孩子的想法，雖然孩子的想法可能很幼稚、荒誕甚至言不及義，但，孩子的想像比知識寶貴，蘇格拉底曾說：「智慧始於驚奇。」先分享孩子的想法，不批判，提出自己的建設性看法或現身說法的親身經驗，孩子更能接受，也才會喜歡對爸媽說出自己的想法。

問題分析 10-5：親子如何共讀？

那，怎麼讀呢？親子共讀的兩大妙方是：照本宣科與加油添醋（教育部，2001）。照本宣科就是「照書唸」；「加油添醋」就是用自己的話說故事。不論是照書朗讀或加枝添葉地共讀，**一開始便教導孩童如何閱讀的方法，是孩子能否成功的關鍵**。如：能理解文字的意涵、擁有既有知識、建立大量詞彙並常在說話時練習應用學到的新詞彙、能根據上下文脈絡預測下文、能歸納全文、摘要重點、能提出解釋性的意見或看法等（請參見下頁表 10-1）。親子共讀有良方，運用之妙，存乎一心，多試試自然會有心得，且還會樂此不疲。以下有三個實際範例，以媽媽、四歲的小寶及小學一年級的哥哥大寶的親子共讀為例，將相關策略融入其中，提供大家參考。

表 10-1　兒童閱讀能力與應用策略一覽表

策略編號	培養的能力
10-1	了解書的構造（封面、內文、封底、作者）
10-2	朗讀文本
10-3	了解「文字」的意涵
10-4	根據上下文、圖片、語句的結構（因為……所以……）等當作推測的線索
10-5	了解文字書寫的方向（中文：由左到右、由上到下）
10-6	建立詞彙
10-7	應用詞彙與知識（由「理解」→「發音」→「字彙」→「組句」）
10-8	能認出「一見即知」的字（如「我」、「大」、「的」）與高頻率的字
10-9	建立與擁有既有知識
10-10	觀察、想像與推理
10-11	複述故事，包含完整的故事結構（場景、人物、主題、情節、衝突與解決）
10-12	歸納全文主旨
10-13	了解並認識注音符號，能辨識並聽出押韻的字
10-14	能辨識國字的部首、偏旁及結構
10-15	聽或唸完故事之後，對故事內容提出問題以及有解釋性的意見
10-16	應用多種方法或活動閱讀
10-17	與日常生活經驗結合印證從閱讀文本中所學到的
10-18	高層次思考：創意思考、批判思考、反向思考
10-19	延伸閱讀、大量閱讀、流暢閱讀
10-20	能夠重說、重新扮演或改編整個或部分的故事情節
10-21	監控邏輯上是否一致或是否有誤解的地方
10-22	反覆思考所知道的
10-23	澄清想知道的

【範例 10-1】：親子共讀

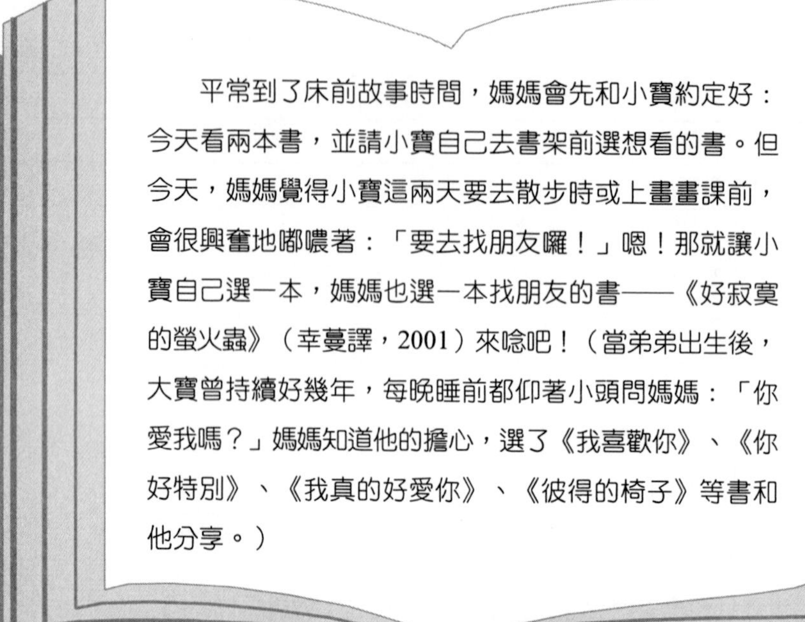

平常到了床前故事時間，媽媽會先和小寶約定好：今天看兩本書，並請小寶自己去書架前選想看的書。但今天，媽媽覺得小寶這兩天要去散步時或上畫畫課前，會很興奮地嘟噥著：「要去找朋友囉！」嗯！那就讓小寶自己選一本，媽媽也選一本找朋友的書——《好寂寞的螢火蟲》（幸蔓譯，2001）來唸吧！（當弟弟出生後，大寶曾持續好幾年，每晚睡前都仰著小頭問媽媽：「你愛我嗎？」媽媽知道他的擔心，選了《我喜歡你》、《你好特別》、《我真的好愛你》、《彼得的椅子》等書和他分享。）

策略 10-1　了解書的構造（封面、內文、封底、作者）

共讀時，由書名開始，必要時介紹作者。讓孩子了解一本書是由封面（上有書名、作者、出版社等）、內文、封底等構成；文字是作者寫的，插圖是繪圖者的作品，而插圖往往是配合文章內容所繪製。

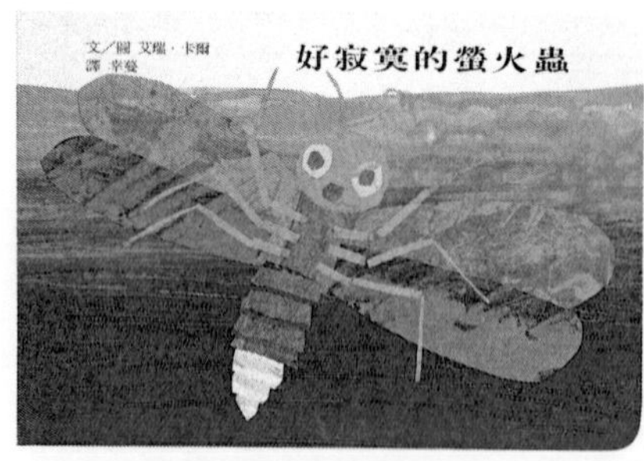

照片出處：《好寂寞的螢火蟲》（上誼）
艾瑞・卡爾　文／圖
幸蔓　譯（2001）

媽媽和小寶先看書的封面：一隻大大的顏色鮮豔、尾巴亮亮的漂亮螢火蟲，好可愛，其實和在台灣看到的黑黑螢火蟲不大一樣，因為小寶上週才在內灣看到好多螢火蟲，所以母子倆先比較一番，一致認為這本書上的螢火蟲比較可愛，吸引人想翻開來瞧瞧。媽媽順便提了一下，小寶很喜歡的《好餓的毛毛蟲》與《好忙的蜘蛛》也是同一個人寫和畫圖的！並安撫小寶一聽就眼睛發亮想變心下床拿《好餓的毛毛蟲》來唸的心：「我們今天先看《好寂寞的螢火蟲》，因為都沒有看過，明天再看《好餓的毛毛蟲》，好不好？」

策略 10-2　朗讀文本

媽媽開始輕聲唸道：「太陽下山的時候，一隻小螢火蟲誕生了。螢火蟲很寂寞。」咦！小寶，寂寞是什麼意思呀？

策略 10-3　了解「文字」的意涵

了解「文字」的意涵有兩個層次，一為了解文字這個抽象符號是有對應意義和發音的，如「我」代表自己，唸「ㄨㄛˇ」；二為了解文字所代表的意思，這是理解的層次，知道這個字的意思有時不見得就能理解，就像會背的英文單字或已經查出意思、但仍無法解釋整句話的意思。例如「寂」是沒有聲音，而「寞」是清靜、冷靜，「寂寞」兩個字合起來有三個意思：沒有聲音、冷靜與無聊，要看上下文才能做出最適合的解釋。

小寶想一想，說：寂寞就是沒有人。

策略 10-4　根據上下文、圖片、語句的結構（因為……所以……）等當作推測的線索

媽媽：沒有人陪他，只有他一個人，很無聊。**因為**他沒有朋友，**所以**很寂寞，對不對？

小寶：對，根本都沒有朋友跟他玩。

媽媽繼續唸：「牠打開尾巴的小燈，飛去找其他的螢火蟲。」螢火蟲為什麼要飛去找其他的螢火蟲呢？

小寶：因為牠很寂寞。

媽媽：**因為**螢火蟲很寂寞，**所以**要去找朋友。

「螢火蟲看見前面亮亮的，就趕緊飛過去，但那不是螢火蟲，它是一個照亮黑夜的電燈泡。」

結果呢？牠找到其他的螢火蟲了嗎？

小寶：不是，是燈燈。

策略 10-5　了解文字書寫的方向（中文：由左到右、由上到下）

父母以反覆、慢而清楚的發音，以手指指著字，引導孩子熟悉文字的書寫方向、文字與發音的關係，特別是重複或關鍵的字。

媽媽握著小寶貝的手，順著手指指著書上的字，一起慢慢唸著下一頁重複出現的句子：「螢火蟲看見前面亮亮的，就趕緊飛過去，但那不是螢火蟲，它是一根在黑暗中一閃一滅的蠟燭。」

接著，媽媽和小寶繼續一起指著書上的字繼續唸：「螢火蟲看見前面亮亮的，就趕緊飛過去，但那不是螢火蟲，……」「它是什麼呀？」

策略 10-6　建立詞彙

策略 10-7　應用詞彙與知識（由「理解」→「發音」→「字彙」→「組句」）

小寶：「是……」（唸不出來，媽媽補充道：是手電筒。）

小寶：「是停電的時候用的手電筒嗎？」「對！」

中文字是一字一音，每個字都有意思，字與字組合成詞，形成的字彙可組成句子，如果不知道正確的詞彙，可能會造成閱讀與理解上的困難，如「媽媽拿手搖鈴聲聲搖出優美的樂音。」是「拿手」還是「拿—手搖鈴……」；是「手搖鈴—聲聲……」還是「鈴聲—……」，這就要靠日常多閱讀。

學會的字彙如果不在日常生活中應用，很容易就會忘記，或根

本不會應用，字彙學習應由「理解」→「發音」→「字彙」→「組句」，父母多與孩子聊天，讓孩子學習用大量而正確的語詞溝通，才能增加孩子的字（詞）彙量。

策略10-8　能認出「一見即知」的字（如「我」、「大」、「的」）與高頻率的字

當然，識字絕不是閱讀的唯一功能或目的，如果父母視閱讀為識字的手段，或只強調知識性功能，督促啟蒙階段小孩讀一堆文字的書，會壞了小孩的胃口，就無法享受閱讀了。我們身邊充滿文字，所以識字隨時都可進行，出門時，媽媽常會指著招牌、捷運的站名，幫助孩子認讀這些常見的字。慢慢地，孩子能認出許多「一見即知」的字（如「我」、「大」、「的」）與高頻率、常出現或使用的字，這是奠定孩子閱讀能力的基礎。認字最好在日常生活中自然而然進行，不要變成例行功課，不然不但有壓力，閱讀也會失去單純的愉悅。

例如：大寶三歲時，媽媽費了九牛二虎之力教他阿拉伯數字，在白板上一次一次練習，教得都七竅生煙了，但他仍莫宰羊。不料，有一天，一起上街，大寶突然停在一排汽車前，興味盎然地讀著車牌號碼「46……9……」，媽媽也不急著去買菜了，停下來，耐著心，陪他一輛一輛車號讀下去，就這樣，一排長長的車牌讀完，大寶再也沒搞錯過1、2、3、4……8、9。

而識字呢？大寶幼稚園大班時超級迷一部卡通「美少女戰士」，還買了一堆漫畫，媽媽福至心靈，大寶那麼喜歡看美少女戰士漫畫，與其禁止，不如母子倆一起看，但要唸出所有的文字，然後慢慢教大寶辨識國字的部首、偏旁及結構。動機是所有學習的開始，有著想自己閱讀喜歡書籍的動力，很快的，大寶認識了一堆字。

策略 10-9　建立與擁有既有知識

在閱讀時，如果缺乏某些既有知識（對人、事、物或概念已經擁有的經驗或認識），會造成閱讀理解或吸收應用的困難。大量閱讀是建立既有知識（增廣見聞）的不二法門，而親子共讀時，父母適時的提問與解釋，亦可幫助孩子擁有既有知識。

當唸到「小燈籠」時，媽媽補充道：「燈籠裡有時候有蠟燭，有的是小燈泡，所以會亮亮的，像小寶的企鵝燈籠，記不記得？」唸到貓頭鷹時，小寶「呼嚕！呼嚕！」學貓頭鷹叫，媽媽說：「好可愛的貓頭鷹哦！貓頭鷹是晚上才出來覓食的夜行動物。」唸到煙火時，小寶說成「鞭炮」，媽媽簡單地說明：「鞭炮通常只會大聲『砰！砰！砰！』地爆炸，但是煙火會有不同顏色，在天空亮亮的，還有像花、大球的漂亮形狀，有的最後還會『砰！』地爆炸。」

策略 10-10　觀察、想像與推理

此時，小寶有一個大發現：「螢火蟲怎麼不見了！」對呀！之前每一頁亮亮的旁邊都有那隻小小螢火蟲，煙火那頁呢？「我們一起找找看！」找了半天，真的找不到。「哇！小寶貝好厲害，媽咪都沒有發現螢火蟲不見了耶！」（對小孩驚人的觀察力，媽媽大大稱讚並回應一番）「大概是煙火太亮了，所以看不清楚螢火蟲了吧！」

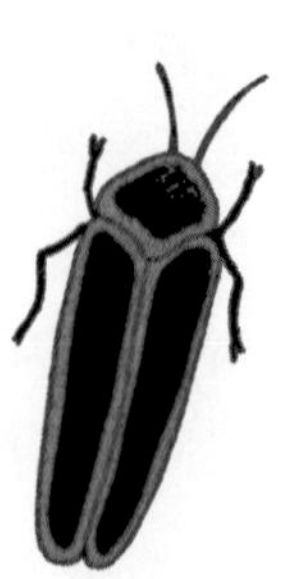

策略 10-11 複述故事，包含完整的故事結構（場景、人物、主題、情節、衝突與解決）

唸完後，媽媽決定測試一下小寶的記憶力：「寶寶，這本書裡說到有哪些亮亮的呀？」「有燈燈、蠟燭、螢火蟲、狗狗、貓咪、貓頭鷹的眼睛、煙火、車子……」「車子的燈，還有手電筒。嗯，小寶好棒！都記得耶！」

然後，媽媽先示範複述一次故事，特別強調場景、人物、時序、情節先後與事情邏輯因果關係，並依 5W1H（**誰** who、**何時** when、**何地** where、**何事** what、**為什麼** why、**如何** how）作摘要（整理故事的大意）。螢火蟲（誰）在太陽下山後（何時），飛來飛去到處（何地——野外有很多樹或草的地方）找朋友（何事），因為牠很寂寞（為什麼），牠用尾巴發出亮亮的光來找朋友（如何），最後終於找到很多尾巴一樣有亮亮光的螢火蟲朋友。

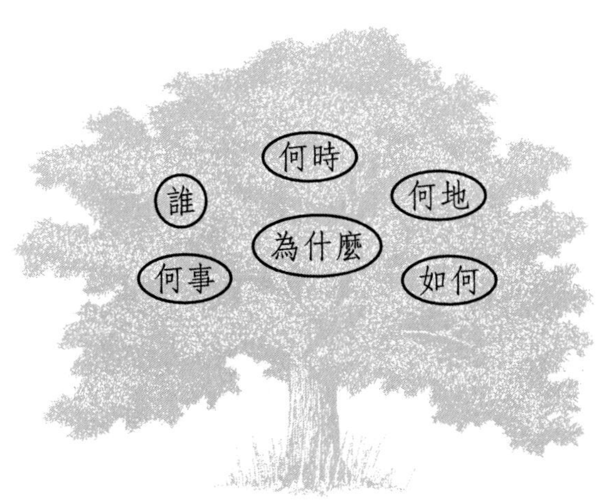

策略 10-12　歸納全文主旨

媽媽說完，再請小寶也試著重說一次故事：「小寶能不能自己說說看，這本書在說什麼？」媽媽並不在意小寶漏掉了一些內容，而著重在讚許地回應；當會影響理解或有必要時才簡單補充，因為這不是考試，而是表達與理解的練習，開心地進行，小寶貝自然會慢慢漸入佳境的。

策略 10-13　了解並認識注音符號，能辨識並聽出押韻的字

在閱讀中，慢慢指導孩子了解文字與語音的關係，能將語音與文字一一對應，共讀到有押韻的字時，可利用書中的例子做練習，也可以鼓勵孩子背誦一些有韻律的童謠。

例如一起唱河洛語童謠「西北雨」（西北雨，滴滴落，吻仔魚，要娶某，……火金姑，做好心，來照路……）、「火金姑」（火金姑，來吃茶。茶燒燒，吃香蕉。香蕉冷冷，來吃龍眼。龍眼滑滑，來吃芭樂，芭樂還未結仔，吃了落牙齒。）。

大寶可以背唐朝杜牧的「秋夕」（銀燭秋光冷畫屏，輕羅小扇撲流螢，天階夜色涼如水，臥看牛郎織女星。）。父母可說明這首詩押的是「ㄥ」韻，韻腳是「屏、螢、星」。

策略 10-14　能辨識國字的部首、偏旁及結構

學習中文時如認識部首與偏旁，「螢」與「瑩」，一為昆蟲（下方為「虫」），一為玉石（下方為「玉」），都會發光（所以上方有並列的兩個火字），可幫助國字的學習（部首學習請參見單元三）。

策略 10-15　聽或唸完故事之後，對故事內容提出問題以及有解釋性的意見

閱讀過程中，可以和孩子充分討論、分享孩子或自己的生活經驗。如：螢火蟲因為寂寞，想找朋友，小寶會不會寂寞呀？媽媽有時也會覺得很寂寞，媽媽覺得寂寞的時候會看看書，找朋友聊天。和朋友在一起可以做什麼？（玩遊戲、一起唱歌）

也可以做延伸的思考，如：書中提到會發光的有什麼？除了書上說的，還有什麼會發光呢？（螢光貼紙、月亮、電視……）

策略 10-16　應用多種方法與活動閱讀

《好寂寞的螢火蟲》是一個可以貼近孩子生活的故事，唸的時候除強化語文能力，還可以用多種活動如聲音、肢體動作、繪畫以及一些可供深度思考的問題，幫助孩子對生活、人際自我有更寬廣的視野。

如朗讀時聲音充分融入劇情並加上變化，讓聲音充滿感情與情緒的變化，也可以為不同年紀、性別的角色配上不同的聲音。入戲的父母可以帶動孩子的情緒、給孩子身臨其境的感受，但要放得開，慢慢練習自然可以唱作俱佳，如：小螢火蟲一開始很寂寞要找朋友時可加上可憐兮兮的旁白：「我好寂寞呦！都沒有人陪我玩！」而最後找到好多螢火蟲朋友時，是開心歡愉的驚呼聲：「哇！太酷了！終於找到好多好朋友了！我們一起提著小燈籠玩遊戲吧！」親子充分享受閱讀的樂趣。

「找朋友」這首兒歌很適合四歲的小寶唱〔1、2、3、4、5、6、7，我的朋友在哪裡？在這裡，在這裡，我的朋友在這裡（在這裡這句可以改歌詞：就是你，是媽咪，是小寶）〕。並搭配肢體動作（唱 1、2、3、4、5、6、7 時——用手指數數，在這裡——指右

邊，在這裡——**指左邊**，我的朋友就是你——**互指對方，最後母／父子來個大大的擁抱，說：我好愛你喲！）**

興緻來了，可以角色扮演或戲劇演出，玩玩故事扮演遊戲，如：關上燈，拿手電筒放在屁股的位置，扮演螢火蟲，親子合演一齣螢火蟲找朋友的戲。也可以改編情節，把「找朋友」改成「找媽媽」，問問孩子，如果在外面走丟了，找不到媽媽怎麼辦？以可能的生活情境進行隨機教育，如萬一在動物園（遊樂場、百貨公司……），小寶找不到媽媽，怎麼辦？平時要記住自己的名字和媽媽的名字；萬一走丟了，留在原地，不要亂跑，媽媽一定會來找小寶貝。

策略 10-17　與日常生活經驗結合印證從閱讀文本中所學到的

「讀萬卷書，行萬里路」，到戶外走走，可以充實孩子的生活，讓孩子有足夠的基本知識，既可幫助閱讀理解，也可印證書中所言。台灣一到五月、六月是油桐花與螢火蟲的季節，台北縣三峽、苗栗三義、南庄、內灣等很多地方都可欣賞到螢火蟲，感受螢火蟲聚居的特性，親眼看看黑暗中一明一滅的小燈籠，還可認識螢火蟲是大自然的環保指標。台灣一度因環境被破壞或污染嚴重，螢火蟲幾乎消失，因為螢火蟲喜歡生長在乾淨、少污染的環境，後來經過大家努力改善環境才復育成功。

策略 10-18　高層次思考：創意思考、批判思考、反向思考

當然，看完書後，小孩可能會問：螢火蟲的尾巴為什麼會發亮？對四歲的小寶可以用他能理解的語言這樣說：因為螢火蟲喜歡在夏天天黑黑以後出來，亮燈燈才看得見路，才找得到食物。還有，螢火蟲先生可以亮燈燈幫助找到漂亮的螢火蟲小姐談戀愛、結婚，生像小寶一樣可愛的小寶寶呀！而對小一的大寶則可以這麼說：因為螢火蟲腹部末端有發光器官。雄蟲有兩節，雌蟲只有一節，一閃一

閃的螢光可照明路徑或尋找食物，再則是為了吸引異性交配（結婚），好傳宗接代（生小孩），繼續繁殖。

螢火蟲為什麼不會被自己的小燈泡燙傷呢？因為螢火蟲一閃一閃的光是不會熱的冷光，不是像燈泡或蠟燭的熱光，所以不會燙傷。對小寶解釋冷光後，驚喜的是，第二天小寶讀《好寂寞的螢火蟲》時，馬上能吸收應用，自己加上「螢火蟲發出冷冷的光……」的句子，真是令人訝異孩童的理解與應用能力。

而對小一生的大寶，就可陪他去查更多有關螢光酶化學作用的資料。如：《螢火蟲之歌》（陳月文，1999），書中有簡明的文字和精采的圖片，可以知道全世界有兩千多種螢火蟲，台灣有四十四種以上，也可了解螢火蟲的生態：一生歷經卵、幼蟲、蛹、成蟲四個階段的完全變態，常見的蝴蝶也是，哥哥養過的蠶也是。

可不可以抓很多螢火蟲裝在袋子裡當燈燈？很好玩耶！此時可以和孩子分享「螢囊鑿光」的故事，也可以討論螢火蟲被抓，牠的媽媽找不到牠很可憐，如果把螢火蟲帶回家，牠會死掉，讓孩子學習尊重生命。進一步也可以與小一哥哥討論「螢囊鑿光」主角的行為與目的。

策略 10-19　延伸閱讀、大量閱讀、流暢閱讀

大量閱讀是必要的，可以觀察小孩讀完書後對哪一方面感興趣，加以因勢利導，找一些相關主題的書或電影做延伸閱讀。可能孩子

想多知道一些昆蟲的生態；也可能由夏夜夜遊引發觀星的興緻；當然也可能想多讀一些有關友誼的書。父母可以適度延伸閱讀，如：《後山上的螢火蟲》（陳月文，2002），這本書談的是生死的議題；而「螢火蟲之墓」這部卡通除了生死議題，也涉及戰爭的殘酷，因主角是小孩，很能引發孩子同理心的共鳴與想討論的慾望。

【範例 10-2】：閱讀中的活動

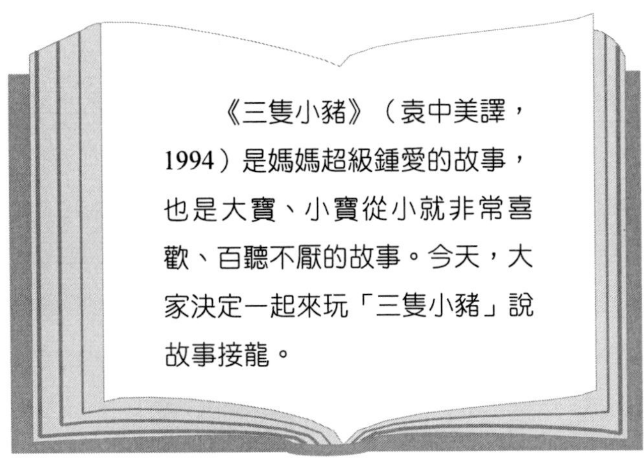

策略 10-20　能夠重說、重新扮演或改編整個或部分的故事情節

小寶先說：從前，從前，有四隻小豬。

大寶立刻抗議：是三隻小豬啦！哪有四隻小豬？

媽媽想一想，說：有可能呀！今天我們就改成四隻小豬的故事好了。

再問小寶：三隻小豬蓋了稻草房子、木頭房子和磚頭房子，那第四隻小豬蓋了什麼房子呀？

小寶說：玻璃房子。

於是，大家輪流開始說「四隻小豬」的故事。

媽媽先起頭：豬媽媽生了四隻小豬，小豬們在媽媽細心照顧下，一天一天長大了。有一天，媽媽說，孩子們，你們都已經長大了，應該到外面去過獨立的生活了……

小寶說：不要！不要！我要跟媽媽永遠在一起。

媽媽說：你們都已經長大了，不應該整天黏著媽媽，應該去看看外面的世界，學習照顧自己，過自己的生活啦！

策略 10-17*　與日常生活經驗結合印證從閱讀文本中所學到的

* 表示此策略在前文中已經出現過，但依範例需求，產生策略重複或未依序號先後排列的情形（以下同）。

閱讀與生活結合，有時具有神奇的心理治療功能。

大寶說：對呀！我已經上小學了，小寶，你也要準備上幼稚園了。哥哥以前也上過幼稚園呦！幼稚園很好玩，有很多小朋友，還有點心喔！（數年後，媽媽才知道，大寶上幼稚園小班時有很長一段時間，每天到幼稚園後會抱著書包坐在台階上發呆好久，媽媽聽了好心疼。剛上學的孩子多少會有親子分離的焦慮及適應上的問題，此時要細心觀察、適時處理他的情緒，多聊聊上學的情形，同學、老師的話題。大寶有一天說：「你第一次講《小貓頭鷹》給我聽的時候，我都哭了耶！」）

媽媽接著說：沒錯，大寶和小寶都在學習照顧自己，都很棒呦！好，豬老大從小就是個大懶蟲，他走呀走，看到路邊有幾捆稻草，心裡想，蓋間稻草房子好了。於是，就花了三天的時間，隨隨便便蓋了一間稻草房子。

大寶說：老二走呀走，來到樹林，心裡想，蓋間木頭房子好了。於是，嗨咻！嗨咻！他很努力砍樹，花了三個月的時間，蓋好了有木頭香味的木頭房子。

小寶說：然後呢？

媽媽回應著說：老三從小就是個勤奮的孩子，他看到兩個哥哥蓋的稻草房子和木頭房子，覺得都不夠堅固，決定蓋一間磚頭房子。

策略 10-21　監控邏輯上是否一致或是否有誤解的地方

這時，媽媽問孩子：為什麼稻草房子和木頭房子都不夠堅固呢？

小寶說：因為被大野狼吹倒了……

大寶說：還沒啦，是因為磚頭房子比較堅固啦！

哥哥發現弟弟誤解媽媽的問題，但自己也答非所問。此時，媽媽猜想孩子並不清楚稻草房子、木頭房子與磚頭房子到底哪個比較堅固。

鼓勵孩子連結書中與現實生活中的經驗，當孩子無回應或答非所問時，父母可再提問連結孩子已擁有的舊經驗，舉實例說明，或示範自己的想法，讓孩子能學到新的或抽象的概念。

不過怎麼解釋呢？媽媽一時也辭窮了，到底小孩見過稻草房子和木頭房子沒呀！對了，舉實際經驗過的例子，住過溪頭的小木屋，回憶一下，想起來了，木頭會被蟲蛀，也容易腐爛，所以不夠堅固。但稻草房子呢？運用想像與譬喻，想像大風吹過草的情形，草很容易被吹彎，甚至吹倒，而且稻草也很容易腐爛，所以稻草房子不是很堅固。而磚頭房子是用水泥和磚頭蓋成的，會牢牢地凝固在一起，不會腐爛，也不會被蟲蛀，可以抵擋很強的風雨。如果孩子還不了解，只好實地實驗了，拿一把綁在一起的草、一塊木板、一塊磚頭，試試看何者比較堅固。

接著，精采的來了，大野狼出現了……

媽媽假裝是大野狼，來到老大家，敲敲門（音效：叩！叩！叩！）：「小豬！快開門！」（很凶惡的聲音）

小寶說：沒有人在家！

大寶狂笑地說：哈！哈！哈！沒人在家還會說話啊，笑死人了。

應該說，我才不開門呢！你這隻大壞狼（哥哥注意到小寶邏輯錯誤處並加以糾正）。

於是，媽媽和大寶、小寶都鼓著嘴巴，拼命的用力吹「呼！……呼！……呼！……」吹得彼此的頭髮都飛起來了，還張牙舞爪地，……，稻草房子被吹倒了，老大拼命逃，大野狼在後面追，好不容易跑到老二家，「叩！叩！叩！老二，快開門呀，大野狼來了！」（大寶和小寶假裝是老大，一邊尖叫，一邊跑。媽媽假裝是大野狼，一邊學狼嚎，一邊追小豬……）大野狼追過來了，又吹倒老二的木頭房子，兩隻小豬只好繼續努力跑，媽媽大野狼繞著圈圈繼續追逐……。到了老三家，大野狼敲敲門（音效：叩！叩！叩！）：「哈哈哈，三隻小豬全在一起了！太好了，我這次可要吃個飽囉。小豬，快開門！」小豬們說：「大笨狼，我們才不開門呢！」「哼！不開門，那我就用吹的！」呼！……呼！……呼！……，「咦！奇怪！怎麼吹不倒呢？對了，我可以從煙囪進去呀！哈！我真是太聰明了！」……。當然，最後大野狼還是難逃被熱水燙得彈出煙囪的命運，也就再也不敢來找小豬的麻煩了。

策略 10-12*　歸納全文主旨

此時，小寶突然問：那老四的玻璃房子呢？

對喔！忘了，「小寶好厲害，還記得有老四的玻璃房子，媽媽都忘了耶！對不起，好，我們再重新講一次！」於是，媽媽只好倒帶回到老四的玻璃房子也被大野狼吹倒，和老大、老二一起跑去找住在磚頭房子的老三，接上大野狼又追過來的地方，再講一次。不過，這回大寶自告奮勇，自願接著講給弟弟聽。嗯！說得很不錯！「哇！哥哥好棒喔！講的比媽媽還精采喲！」

接著，媽媽問：「三隻小豬的故事主要在說什麼？」媽媽先請哥哥說出主要的大意，再請小寶試著說。

當然，有些幼稚園或小學一年級已經學習英文，父母可以朗讀英文版的《三隻小豬》：「Once upon a time, the three little pigs left home.」「"I will build a house of straw," said the first pig. And he did.」。……

策略 10-10*　觀察、想像與推理

讀完《三隻小豬》，有很多有趣的問題可以討論，「為什麼大野狼先到老大家，然後到老二家，最後才到老三家呢？如果一開始，大野狼到的是老三的磚頭房子家敲門，你想會怎麼樣？」「大野狼用吹的，真的能吹倒木頭房子嗎？」當然也可以分享自己因一時偷懶（像大哥、二哥），最後自食惡果的經驗。提出問題或進行討論時，要鼓勵孩子回答，且不管孩子回答什麼，都要積極回應與讚美，讓孩子在安全、不怕犯錯的氣氛中愉快地閱讀。

策略 10-16*　應用多種方法與活動閱讀

最近，小寶常和一群一起上繪畫課的小小孩約了下課後一起玩。媽媽想到一個好主意：來個親子三隻小豬大會串吧，一定很好玩！小寶媽媽先準備幾張書面紙、彩色筆、膠帶、訂書機。一開始，先請小朋友製作小豬頭套，在媽媽事先影印並裁剪好的小豬形狀上用彩色筆著色，然後在小豬頭套上黏一條小孩頭圍長度的紙圈，先用訂書機訂起來，再於訂書針處黏上膠帶，免得刺傷小朋友。完成後，請小朋友各自戴上自己著色的小豬頭，媽媽則戴上大野狼頭形狀的頭套，加上一條不織布縫的大尾巴。

要開始演囉！其他媽媽先用手合圍成稻草房子，讓小小豬們躲進去，當大野狼用力吹氣時，媽媽們要隨風搖擺，「啪！砰！砰！」房子倒了！媽媽們散開假裝跌倒，製造房子被吹垮的樣子。小豬拼命跑，大野狼緊追在後，不時發出「ㄠ嗚！ㄠ嗚！」的狼嚎，千鈞

一髮之際，小豬躲進老二的木頭房子……這齣戲在高潮迭起中，演到大野狼爬進煙囪時，小小豬瘋狂入戲地大喊：「燒死他！」這時，一個念頭閃入媽媽腦中「大野狼是不是都該死？」不過，在群情激憤下，這齣戲中的大野狼還是被滾燙的水燙死了，小豬們勝利歡呼，享用了一頓美味的野狼大餐，還加上蕃茄醬呢！

父母可自製布偶進行戲劇演出

策略 10-18*　高層次思考：創意思考、批判思考、反向思考

當小豬們吃得津津有味時，媽媽問道：「為什麼要殺死大野狼？」「因為他太壞了！」「他哪裡壞？」「他要吃掉小豬。」「可是，大野狼如果不吃小豬，他會餓死耶！」「餓死大野狼，太好了，萬歲！」顯然三、四歲的小小孩還無法接受大自然弱肉強食、食物鏈的觀念。「小寶喜不喜歡吃炸雞塊？還有咖哩豬排？滷肉飯呀？」「喜歡！」「為什麼要殺死雞、豬、魚，吃他們的肉肉呢？」「不然肚子會餓餓，咕嚕咕嚕，會沒有力氣。」「所以，大野狼也一樣

呀！」「喔！」小孩們狐疑地點點小腦袋，看來，要真的了解與接受，還要一些時間吧！

然而，羊注定是狼的食物嗎？羊一定被狼吃掉嗎？最近有些反向思考、頗具創意的書，如《狼與羊》（彭士晃譯，2004）中狼與羊竟成為好朋友，在「美食」與「友情」之間，大野狼如何面對重重考驗，結局令人感動；而《比狼學得快》（劉兆岩、郭進隆譯，2004）則是以漫畫形式探討學習型組織的五項修練，羊群如何團結並組織起來，運用智慧與學習想出有效策略，扭轉了被狼吃的宿命。這兩本書提供親子極佳的討論與分享素材，可多加運用。

策略 10-19*　延伸閱讀、大量閱讀、流暢閱讀

《三隻小豬》這個大家耳熟能詳的故事其實非常有趣，在童話故事中，除了巫婆，大野狼可說是反派的最佳男主角，小孩一聽見「大野狼」，眼睛都發亮了，從「小紅帽」、「大野狼與七隻小羊」到「三隻小豬」，都有大野狼。那，小朋友會不會因此害怕大野狼呢？又怎麼對付可能在夢中、日常生活中出現的大野狼呢？生活中有哪些大野狼（壞人、色狼）？壞人長什麼樣子？萬一遇到怎麼辦？都可和孩子討論。

照片出處：《小心大野狼》（格林）
小蘿倫柴爾德　文／圖
楊令怡　譯（2000）

《小心大野狼》（楊令怡譯，2000）這本書是延伸閱讀不錯的選擇。大寶聽完《小心大野狼》後，覺得太有趣了，忙不迭地要再講一次給小寶

聽。內容是一個怕大野狼的小男孩竟與兩隻野狼共處一室，小男孩借用《睡美人》書中的仙女與巫婆來救他，最後，仙女把大野狼變成一隻毛毛蟲，啪的一聲把毛毛蟲放回故事中，救了小男孩。

策略 10-7*　應用詞彙與知識（由「理解」→「發音」→「字彙」→「組句」）

讀《三隻小豬》的故事時，媽媽總會指著字要小寶一起唸出「三…隻…小…豬」，請小寶在他畫的畫上簽「小」字。有一天，看到「小心大野狼」，小寶問「這個『小』跟小寶的『小』一樣嗎？」這就是文字產生意義的開始。學習聽、說、讀、寫的歷程就是由理解字義，到會唸，認識這個字，然後造成句子應用於口語中或文章中。

【範例 10-3】：深度閱讀

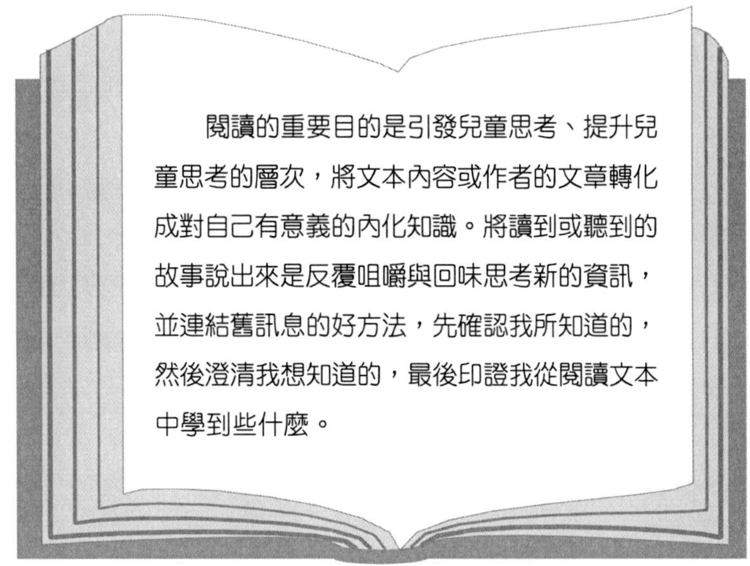

閱讀的重要目的是引發兒童思考、提升兒童思考的層次，將文本內容或作者的文章轉化成對自己有意義的內化知識。將讀到或聽到的故事說出來是反覆咀嚼與回味思考新的資訊，並連結舊訊息的好方法，先確認我所知道的，然後澄清我想知道的，最後印證我從閱讀文本中學到些什麼。

策略 10-22　反覆思考所知道的

在閱讀前，父母以提問或腦力激盪引發出孩童對閱讀內容主要的概念或了解，並進行討論，讓孩子有機會反覆咀嚼與回味思考自己以前知道的東西。

念小學一年級的大寶和同年級的表妹盼盼在唸《紙袋公主》（蔡欣玶譯，2003）前，已經看過許多王子公主的書，像《白雪公主》、《人魚公主》、《灰姑娘》、《獅子王》……等，媽媽想知道他們心目中的王子公主，大寶說：「公主就是很漂亮，可是很倒楣，不過沒關係，最後王子一定會來救她，他們就結婚，從此過著幸福快樂的日子。」盼盼說：「對呀！公主很美麗，王子很帥！很勇敢！我長大也要和我的白馬王子結婚。」「哦！這樣呀？公主不能自己救自己嗎？」「可能可以吧！」；「有沒有可能是公主很厲害，去救王子呢？像有女警察、女醫生，就會救男生，也會救女生呦！」「好像是耶！」；「公主一定要和王子結婚嗎？有沒有可能公主根本不想結婚呢？」「那會變成老處女！」似乎大家歷經童話故事洗腦後根深蒂固的兩性刻板印象就是：女生遇到危險，就喊「救命！救命！」等著男生來救她。男生一定不喜歡太聰明、比自己強的女生（所以女生會有「恐懼成功」的心理）！

策略 10-23　澄清想知道的

在閱讀中，一邊朗讀或默讀，一邊提醒尚未開始閱讀時曾產生的疑問，留充分的時間讓孩子去思考與澄清。如果先前的經驗與文本內容有所衝突，父母必須把關鍵點指出來，並鼓勵孩子在閱讀時仔細聽、仔細看，想一想，以尋求解答。

照片出處：《紙袋公主》（遠流）
羅伯特・繆斯克　文
邁克・馬薛可　圖
蔡欣玶　譯（2003）

在未閱讀前，可以鼓勵孩子由封面圖片、書名等來猜測書的內容。《紙袋公主》，一個穿著紙袋的公主，還有一隻好大的龍，在書封底這龍還噴出好大的火，這會是怎樣的一個故事呢？

小孩其實有自己的想法，媽媽不想用自己的想法先入為主地左右或僵化孩子，在第一次閱讀一本書時，盡量不發表太多意見，也不做過多引導，讓孩子原汁原味地享受讀書的樂趣。所以，當盼盼和大寶第一次讀《紙袋公主》時，媽媽先慢慢地把書唸完。

當依莉莎公主準備和雷諾王子結婚時，不料飛來一隻噴火龍把所有的東西燒光，包括依莉莎的漂亮衣服，還把王子抓走了。依莉莎決定去救王子，她找個大紙袋穿上，勇敢地去找噴火龍。她運用智慧打敗噴火龍，救了王子。沒想到，王子不但不感謝，還嫌她全身髒兮兮的，一點也不像漂亮公主。依莉莎……。

策略 10-4*　根據上下文、圖片、語句的結構（因為……所以……）等當作推測的線索

這時，媽媽終於問了一個問題：「你們猜，依莉莎會怎麼辦？」大寶很快地回答：「當然是嫁給王子囉！」盼盼：「可是那個王子很爛耶！一定要嫁給他嗎？」書中的結局是：依莉莎決定——我才不要嫁給你呢！為什麼？因為由故事中得知依莉莎擁有獨立自主的個性，而王子的表現不值得依莉莎嫁給他。可是，如果他們結婚了呢？那接下來會發生什麼事？

策略 10-17*　與日常生活經驗結合印證從閱讀文本中所學到的

閱讀完一段或整本書，父母可以和孩子進行更多的討論，鼓勵孩子多聽、多想、多說，聽聽「別人和我不一樣的地方在哪裡？」「不一樣的地方多？還是一樣的地方多？」想想「為什麼想法不一樣？」「自己的想法有沒有道理？」「別人的想法有沒有漏洞？」再說說「我認為怎樣的解釋比較妥當？」「哪種說法最能說服我？」

聊聊彼此由文中得到些什麼，盡量輕鬆生活化，不要流於說教或大道理的訓話，問問孩子假如想知道更多文中沒有提及的，或仍有疑惑，父母可以針對孩子的問題，提議再去找書進一步閱讀。

策略 10-18* 高層次思考：創意思考、批判思考、反向思考

最後公主沒和王子結婚，光這一點就徹底顛覆傳統童話的結局。孩子剛開始有一點錯愕，當媽媽開始提醒盼盼和大寶剛開始閱讀時曾產生的疑問：「公主（男生或女生）一定要結婚嗎？公主一定會嫁給王子嗎？」大寶本來有點難過，覺得故事書裡的王子實在太遜了，很丟男生的臉，但也認同他要求女生漂亮打扮的看法。不過他最後說：「其實有些女生也很厲害，像我媽媽就是。」盼盼眼睛發亮地說：「我覺得依莉莎很棒！很勇敢，男生可以做的事，女生也可以做。而且女生都比較有禮貌。」「喜不喜歡依莉莎做的決定？」大寶仍堅持依莉莎應該嫁給王子，讓王子保護她。媽媽問盼盼：「你覺得呢！同意大寶說的嗎？」盼盼大聲抗議道：「不同意，我認為女生也可以自己保護自己。你忘了，是伊莉莎救了王子的。」「你喜歡什麼樣的男（女）生？」「我喜歡溫柔一點的女生。」大寶說，而盼盼說：「我喜歡有禮貌的男生。」

策略 10-19* 延伸閱讀、大量閱讀、流暢閱讀

在延伸閱讀方面，「史瑞克」這部電影顛覆一般王子公主非俊男即美女的刻板印象，讓大家有機會檢視對外貌與內在的真正想法。此外，《奧力佛是個娘娘腔》、《威廉的洋娃娃》、《朱家故事》等，都是延伸探討兩性議題時可以閱讀的書。

相關研究顯示，讀得多（大量閱讀）的孩子愈喜歡閱讀，讀得最好，成績最高，就學時間也最長（Wigfield & Guthrie, 1997）。而小學低年級的學童應由辨識文字、理解文字的意義，慢慢進展到精

熟而獨立的流暢閱讀，流暢閱讀是指能很快辨識文字，了解意義，而且能享受閱讀的樂趣（柯華葳、游婷雅譯，2001）。

父母陪孩子一起閱讀是親子最寶貴的「愛的記憶」，有一首詩是這樣說的：

你或許擁有無限的財富，
一箱箱的珠寶與一櫃櫃的黃金。
但你永遠不會比我富有，
我有一位讀書給我聽的媽媽。

—史斯克蘭・吉利蘭（Strickland Gillilan）

對含蓄的中國父母而言，要說「我愛你！」是有點困難，而透過親子共讀用行動展現愛，藉由書當媒介，一起來實踐「愛」，則親子共讀的記憶將成為個人內心深處最寶貴的資產。閱讀啟蒙我們的心智，而親子共讀就像開胃前菜，引導孩子，為他們開啟了豐富盛宴的知識之門。

參考書目

沙永玲、麥奇美、麥倩宜譯（2002）。朗讀手冊。台北：小魯。

幸蔓譯（2001），艾爾・卡爾著。好寂寞的螢火蟲。台北：上誼。

柯華葳、游婷雅譯（2001）。踏出閱讀的第一步。台北：信誼。

宮崎峻（1998）。螢火蟲之墓。博英社發行。

袁中美譯（1994）。三隻小豬。台北：遠流。

教育部（2001）。閱讀四季——親子閱讀指導手冊。台北：教育部。

陳月文（1999）。螢火蟲之歌。台北：紅蕃茄。

陳月文（2002）。後山上的螢火蟲。台北：知本家。

彭士晃譯（2004）。狼與羊。台北：遠流。

楊令怡譯（2000），小蘿倫柴爾德著。小心大野狼。台北：格林。

劉兆岩、郭進隆譯（2004）。比狼學得快。台北：天下。

蔡欣玶譯（2003），羅伯特・繆斯克著。紙袋公主。台北：遠流。

Palmer, B. M., Codling, R. M., & Gambrell, L. B. (1994). In their own words: What elementary students have to say about motivation to read. *The Reading Teacher, 48,* 176-178.

Wigfield, A., & Guthrie, J. T. (1997). Relations of children's motivation for reading to the amount and breadth of their reading. *Journal of Educational Psychology, 89,* 420-432.

延伸閱讀參考書單

台灣閱讀協會（2002）。童書久久。台北：台灣閱讀協會。

吳淑玲（2001）。繪本與幼兒心理輔導。台北：五南。

黃迺毓、李坤珊、王碧華（1994）。童書非童書。台北：宇宙光。

黃迺毓、李坤珊、王碧華（1999）。童書是童書。台北：宇宙光。

附錄

全書問題分析、策略、練習（範例）一覽表

單元一

問題分析	策略	練習	頁數
1-1 對ㄧ、ㄨ、ㄩ和ㄢ、ㄣ、ㄤ、ㄥ的掌握有困難，發音不準影響聽寫	1-1-1 示範發音部位幫助分辨字音		9
	1-1-2 輔以國字幫助分辨		
	1-1-3 增加拼音能力	1-1-3.1 拼音 1-1-3.2 音的操弄：刪除音 1-1-3.3 音的操弄：替換音	
1-2 注的音是口語音非字音	1-2-1 提醒注字的原音		13
1-3 口語中二聲和三聲不容易區辨	1-3-1 強調二聲或三聲		13
1-4 二聲和三聲不分	1-4-1 增加字彙以了解差別		13

單元二

問題分析	策略	練習	頁數
2-1 聽覺理解之問題	2-1-1 藉由自編聽覺理解測驗檢視問題所在	2-1-1.1 聽覺理解測驗(1) 2-1-1.2 聽覺理解測驗(2)	20
	2-1-2 增加字彙量，並善用 5W1H 法	2-1-2 5W1H 法	
2-2 聽覺記憶之問題	2-2-1 藉由自編聽覺記憶測驗檢視問題所在	2-2-1.1 聽覺記憶測驗(1) 2-2-1.2 聽覺記憶測驗(2)	25
	2-2-2 使用視覺輔助		
	2-2-3 縮短句子，重複提示		
	2-2-4 提供記憶策略		
2-3 字音辨識問題	2-3-1 呈現相近音的反覆練習	2-3-1 相近音之反覆練習	29
2-4 誤聽問題	2-4-1 縮短問題並藉由複誦確定其了解題意		34
2-5 口語表達問題	2-5-1 看圖說故事	2-5-1.1 看圖說故事(1) 2-5-1.2 看圖說故事(2)	36
	2-5-2 教授口語文法	2-5-2 造句列車	

單元三

單元四

問題分析	策略	練習	頁數
4-1 詞彙與詞彙的理解問題	4-1-1 老師應用「朗讀」檢視閱讀理解問題所在	4-1-1 朗讀歷程分析	64
4-2 詞彙量不足	4-2-1 詞彙遊戲	4-2-1 造詞——井字遊戲	68
	4-2-2 看廣告增加常用語彙		
	4-2-3 看插圖猜意義	4-2-3 看圖猜意義	
4-3 無法回答不明顯或複雜內容的問題	4-3-1 情境心像圖	4-3-1 激發情境心像	73
4-4 無法掌握故事脈絡	4-4-1 故事的骨架	4-4-1 故事骨架——人事地	76
	4-4-2「代名詞」的推論	4-4-2「代名詞」的推論	
4-5 缺乏閱讀興趣或不清楚閱讀目標	4-5-1 猜猜看	4-5-1 預言高手	80
	4-5-2 預測	4-5-2.1 預測——老師會說什麼？ 4-5-2.2 預測——接下來呢？	

單元六

單元七

問題分析	策略	練習	頁數
7-1「數概念」及「減法基本概念」問題	7-1-1 辨認數字（量）大小	7-1-1 辨認數字（量）大小(1)	120
	7-1-2 數數	7-1-2 數數(1)	
	7-1-3 減法算式判斷	7-1-3 減法算式判斷	
7-2「借位概念」問題	7-2-1 辨認數字（量）大小	7-2-1 辨認數字（量）大小(2)	127
	7-2-2 數數	7-2-2 數數(2)	
	7-2-3 算式轉換	7-2-3 算式轉換	
	7-2-4 位值關係的理解——數字的分解與合成	7-2-4 數字的分解與合成	
	7-2-5 10以內（含10）的減法運算	7-2-5 10以內（含10）的減法運算練習	
	7-2-6 10以上的減法運算	7-2-6 10以上的減法運算練習	
7-3 專注力問題	7-3-1 減少干擾		143
	7-3-2 計算流程的規律化		
7-4 估算與評估結果	7-4-1 先不計算，只做判斷	7-4-1 先不計算，只做判斷	145
	7-4-2 利用高位數進行估算	7-4-2 利用高位數進行估算	

（下頁續）

（續上頁）

7-5 加（減）數未知問題的求解困難	7-5-1 數字不大時，可採逐一追加或逆數方式解題		149
	7-5-2 數字大時，必須分就單位 10 與單位 1 追加或逆數		
	7-5-3 發現算式中的樣式（pattern）	7-5-3 發現算式中的樣式	
7-6 對乘法意義欠缺理解	7-6-1 先不解乘法問題，而熟悉兩種不同單位的區辨	7-6-1 區辨兩種不同的單位	154
	7-6-2 比對加法與乘法文字題題型、區辨加法與乘法的算式，以增加乘法意義與加法意義的區辨	7-6-2 加乘法的比對與區辨	
7-7 乘法事實不熟練	7-7-1 以遊戲的方式熟練隨機出現的九九乘法問題	7-7-1.1 熟練十十乘法的撲克牌遊戲 7-7-1.2 熟練十十乘法的 Excel 遊戲	159
7-8 被乘數或乘數超過十的分解方式	7-8-1 宜熟悉十十乘法		162

單元八

問題分析	策略	練習	頁數
8-1「不了解題意」與「難字太多」	8-1-1 重述題意	8-1-1 重述題意	166
	8-1-2 盡量用孩子學過的字命題	8-1-2 練習命題	
8-2「習慣順向列式」或「固著於將題目中先出現的數據在算式前面，將較晚出現的數據在後面」	8-2-1 認知引導策略（工作分析）	8-2-1.1 分析題意(1) 8-2-1.2 分析題意(2)	170
	8-2-2 具體操作或繪圖法	8-2-2 具體操作或繪圖法	
	8-2-3 覺察正例與反例的不同	8-2-3.1 覺察正例與反例的不同(1) 8-2-3.2 覺察正例與反例的不同(2) 8-2-3.3 覺察正例與反例的不同(3)	
8-3 題目的情境與他的生活經驗脫節	8-3-1 題目盡量生活化	8-3-1 題目生活化的練習	180
	8-3-2 拓展學生的生活經驗	8-3-2 拓展生活經驗的練習	
	8-3-3 增加討論互動的機會	8-3-3.1 增加討論互動的練習(1) 8-3-3.2 增加討論互動的練習(2)	
	8-3-4 自詢策略	8-3-4 自詢練習	

（下頁續）

（續上頁）

8-4 運用表面策略來解題	8-4-1 偵測學生使用的關鍵字	8-4-1 偵測學生使用的關鍵字	190
	8-4-2 發現表面策略的限制性	8-4-2.1 表面策略的限制性——發現 8-4-2.2 表面策略的限制性——列式 8-4-2.3 表面策略的限制性——解題	
	8-4-3 驗算	8-4-3 驗算	
8-5 文字題過長，超過孩子的認知負荷	8-5-1 生活情境題的內容盡量精簡	8-5-1 精簡文字題的練習	198
	8-5-2 將一個大題目分成數個小題目	8-5-2 分析文字題的練習	
8-6 不知如何思考問題，只好胡亂猜題	8-6-1 動手操作法或繪圖法		202
	8-6-2 結合題意與解題策略的關係	8-6-2.1 綜合策略的練習(1) 8-6-2.2 綜合策略的練習(2)	

單元九

（下頁續）

（續上頁）

	9-5-5 告知不當行為並不是可以獲得別人關心或注意的正確方法		
9-6 喜歡拖延	9-6-1 告知拖延的壞處與後果		222
	9-6-2 利用角色扮演，親身體驗拖延給別人帶來的困擾		
	9-6-3 體驗準時的好處		
	9-6-4 安排速度比賽的活動		
	9-6-5 鼓勵自我競速		
9-7 懲罰的方式無法改善行為	9-7-1 獎勵良好行為		224
	9-7-2 採取剝奪性的懲罰		
9-8 需要引導，以幫助注意力的集中	9-8-1 直接以言語或動作引起注意		227
	9-8-2 調整座位		
	9-8-3 將學習任務分段呈現，循序漸進的引導完成		
	9-8-4 縮短各項教學或學習活動的時間		

（下頁續）

（續上頁）

9-9 對學習不感興趣而導致上課不專心	9-9-1 將課程內容生活化或遊戲化，增加學習興趣	9-9-1 賓果遊戲實施步驟	228
	9-9-2 提供參與的機會		
	9-9-3 獎勵認真上課聽講的行為	9-9-3 學習行為紀錄表	
9-10 喜歡玩，不喜歡學習、做功課	9-10-1 利用喜歡的活動來強化做功課的行為		232
9-11 責罵致使對做功課、學習產生厭惡	9-11-1 改用獎勵取代懲罰		233
9-12 缺乏成就感，對學習產生挫折	9-12-1 分散作業，減輕對作業及學習的心理負擔		234
	9-12-2 利用反覆練習原則，按部就班，幫助分別達成精熟學習		
	9-12-3 降低期望水準，提高成功機會		
	9-12-4 多給與正增強，並肯定其努力		
	9-12-5 提供成功表現的機會		

（下頁續）

（續上頁）

9-13 缺乏與人互動的刺激	9-13-1 主動關心，協助建立對人產生信任感		238
	9-13-2 提供與其他同學彼此接觸的機會，並肯定她的表現		
	9-13-3 父母加強與孩子的溝通		
9-14 缺乏自信、將成敗歸因為能力	9-14-1 多多鼓勵與肯定		239
	9-14-2 多讚美努力的行為		
	9-14-3 教導學生自我肯定	9-14-3 學習自我評估	
	9-14-4 強化優勢部分，建立自信		
9-15 採取避免失敗的動機取向	9-15-1 循序漸進提問，建立回答題目的信心		242
	9-15-2 多給與類似題目，幫助達成精熟學習		
	9-15-3 針對不同難易度的表現給與不同程度的獎勵，鼓勵接受挑戰		

單元十

問題分析	策略	頁數
10-1 親子共讀的時間		248
10-2 如何選書？親子共讀讀些什麼？		248
10-3 如何讓孩子自然而然愛閱讀		249
10-4 如何透過閱讀啟發孩子的思考？		250
10-5 親子如何共讀？		250
範例 10-1：親子共讀	10-1 了解書的構造（封面、內文、封底、作者）	252
	10-2 朗讀文本	253
	10-3 了解「文字」的意涵	253
	10-4 根據上下文、圖片、語句的結構（因為……所以……）等當作推測的線索	253
	10-5 了解文字書寫的方向（中文：由左到右、由上到下）	254
	10-6 建立詞彙	254
	10-7 應用詞彙與知識（由「理解」→「發音」→「字彙」→「組句」）	
	10-8 能認出「一見即知」的字（如「我」、「大」、「的」）與高頻率的字	255

（下頁續）

（續上頁）

	10-9 建立與擁有既有知識	256
	10-10 觀察、想像與推理	256
	10-11 複述故事，包含完整的故事結構（場景、人物、主題、情節、衝突與解決）	257
	10-12 歸納全文主旨	258
	10-13 了解並認識注音符號，能辨識並聽出押韻的字	258
	10-14 能辨識國字的部首、偏旁及結構	258
	10-15 聽或唸完故事之後，對故事內容提出問題以及有解釋性的意見	259
	10-16 應用多種方法與活動閱讀	259
	10-17 與日常生活經驗結合印證從閱讀文本中所學到的	260
	10-18 高層次思考：創意思考、批判思考、反向思考	260
	10-19 延伸閱讀、大量閱讀、流暢閱讀	261
範例 10-2：閱讀中的活動	10-20 能夠重說、重新扮演或改編整個或部分的故事情節	263
	10-17 與日常生活經驗結合印證從閱讀文本中所學到的	264
	10-21 監控邏輯上是否一致或是否有誤解的地方	265
	10-12 歸納全文主旨	266

（下頁續）

（續上頁）

索 引

十五劃

十六劃以上

國家圖書館出版品預行編目（CIP）資料

我可以學得更好：學習診斷與輔導手冊【低年級版】
／台灣心理學會教育心理學組合著.
--初版.-- 臺北市：心理, 2004（民 93）
面； 公分.--（教育現場系列；41101）
含參考書目及索引
ISBN 978-957-702-717-7（平裝）

1.輔導（教育） 2. 學習心理學

527.44 93016130

教育現場系列 41101

我可以學得更好：學習診斷與輔導手冊【低年級版】

作　　者：台灣心理學會教育心理學組
執行編輯：陳文玲
總 編 輯：林敬堯
發 行 人：洪有義
出 版 者：心理出版社股份有限公司
地　　址：231026 新北市新店區光明街 288 號 7 樓
電　　話：(02) 29150566
傳　　真：(02) 29152928
郵撥帳號：19293172 心理出版社股份有限公司
網　　址：https://www.psy.com.tw
電子信箱：psychoco@ms15.hinet.net
排 版 者：臻圓打字印刷有限公司
印 刷 者：東縉彩色印刷有限公司
初版一刷：2004 年 10 月
初版九刷：2024 年 9 月
I S B N：978-957-702-717-7
定　　價：新台幣 350 元